本书获国家自然科学基金面上项目(批准号:71372030)资助

U0656177

IPO 现金股利政策
承诺的经济后果研究

王国俊　著

东南大学出版社
SOUTHEAST UNIVERSITY PRESS

内 容 提 要

现金分红是投资者获得回报的重要方式,长期稳定的分红政策是成熟资本市场的标志。长期以来,我国上市公司普遍存在分红水平较低,分红政策不规范、不稳定的问题,阻碍了资本市场的健康发展。本书以与现金分红承诺相关的制度为研究对象,力图从"资源配置—公司行为"的角度,提供现金分红制度的经济后果,为十八届三中全会提出的股票发行注册制改革和结构性减税提供经验证据。

本书适合大专院校、科研机构的师生使用,也适合从事银行、金融工作的人士阅读和参考。

图书在版编目(CIP)数据

IPO 现金股利政策承诺的经济后果研究 / 王国俊著. —南京:东南大学出版社,2015.6
ISBN 978-7-5641-5830-9

Ⅰ.①I… Ⅱ.①王… Ⅲ.①上市公司—利润—分配(经济)—研究—中国 Ⅳ.①F279.246

中国版本图书馆 CIP 数据核字(2015)第 127953 号

IPO 现金股利政策承诺的经济后果研究

出版发行	东南大学出版社
社　　址	南京市四牌楼 2 号　邮编:210096
出 版 人	江建中
网　　址	http://www.seupress.com
电子邮箱	press@seupress.com
经　　销	全国各地新华书店
印　　刷	江苏凤凰数码印务有限公司
开　　本	700 mm×1 000 mm　1/16
印　　张	16.25
字　　数	180 千
版　　次	2015 年 6 月第 1 版
印　　次	2015 年 6 月第 1 次印刷
书　　号	ISBN 978-7-5641-5830-9
定　　价	48.00 元

本社图书若有印装质量问题,请直接与营销部联系。电话(传真):025-83791830

序

　　现金分红是投资者获得回报的重要方式,长期稳定的分红政策是成熟资本市场的标志。在欧美发达市场中,存在着一批坚持多年持续稳定现金分红的上市公司,如美国的通用电气持续高水平分红超过一百年,香港股市的汇丰银行长期高水平持续分红等等。这样的行为给投资者两个明确的预期:一是投资者预先就可以大概猜到投资哪个股票可获得现金分红;二是投资者对未来每年可获得多少现金分红有大概的估计。这两个预期对追求稳定收益的稳健型投资者非常重要,因为通过这两个稳定预期,投资者才可以建立合理的投资规划,并决定:买哪只股票可预期实现现金回报的投资目标;以什么价格买入可以实现预期的股息回报率的投资目标;持有多长时间可实现规划的投资目标。

　　而在我国,大多数上市公司的现金分红情况是:一年分一年不分,或是今年每股分一元明年每股分一角。投资者经常面临着两个疑问:一是不知道哪家上市公司会进行现金分红;二是就算知道哪家公司派发现金股利,也不知道会分多少钱。投资者每年只能等着

1

上市公司在公布年度报告(有些在中期报告)时,才能知道其分红方案,因此往往无所适从,不知道如何选择投资标的。在这种情况下,广大投资者都追逐资本利得,稳健型投资者无法培育,新的长期资金也无法引导入市。因此,投资者对上市公司持续稳定现金分红的预期,对于 A 股市场引进新的长期资金和投资者个人的理财规划都意义匪浅。

自从 2011 年底分红新政在我国正式实施以来,关于股利政策是否真正适用于我国的资本市场,现金股利承诺制度是否真正实施有效,是摆在学术界、实务界和证监会面前的一个重要问题,受到了大家的关注。本书作者以现金分红承诺制度作为研究对象,从"资源配置—公司行为"的角度,分析了不同的承诺约束对证监会和投资者产生的影响,并探究了不同承诺公司的后续盈余质量以及业绩表现,提供了相关的经验证据。同时,作者还把研究视角转移至与分红新政息息相关的红利税改革以及社保基金投资,分别探究了红利税差异化征收是否有效推进了资本市场价值投资以及如何有效控制社保基金在资本市场的投资风险,多角度全面地研究了分红新政对资本市场产生的后续影响。本书的研究成果不仅有助于在更深层次上理解我国分红新政实施的有用性和必要性,同时也为加强投资者保护、改善上市公司治理、优化证券市场资源配置等提供了政策指导和理论参考。

本书利用规范研究和实证研究相结合的方法,对研究主题进行了细致深入的分析。在内容安排上,秉承详实紧凑的原则,合理安排书稿内容。全书围绕分红新政展开,四个研究主题构成了本书的核心内容,体系清晰得当。全书秉承科学研究中谨慎入微、严谨可靠的风格,力求语言平实、证据充分、条理清楚。

"路漫漫其修远兮,吾将上下而求索。"希望王国俊博士再接再厉,勇攀高峰,成为一名兼具自由意志和独立精神的学者。

南京大学教授　陈冬华

2015 年 3 月于南京

前　言

　　现金分红是投资者获得回报的重要方式,长期稳定的分红政策是成熟资本市场的标志。长期以来,我国上市公司普遍存在分红水平较低,分红政策不规范、不稳定的问题,阻碍了资本市场的健康发展。针对这一问题,2011年11月9日,证监会要求拟申请上市的公司必须在招股说明书中作出对股东进行现金回报的承诺,这一政策的目的在于提高资本市场的回报水平,保护投资者的权益,提高资本市场的资源配置效率,为将来推行股票发行注册制提供良好的制度基础。这一制度创新体现了企业决策和政府监管的结合,对资本市场产生了深远影响。

　　从世界范围来看,证监会实施的分红新政都是一种制度创新,因此尚无经验得以借鉴。和很多发达国家采用注册制发行股票不同,中国资本市场股票发行采用"核准制",政府对企业上市和再融资实施高度的管制。因此,拟上市公司在IPO招股说明书申报稿中作出现金分红承诺,会对IPO资源的分配产生重要的影响;此外,现金股利承诺作为一种管理层披露的信息,传递了公司价值的信号,因此可能对新股的定价效率产生影响；进一步，公司上市后，由于受到现金股利承诺的约束，其盈余信息和业绩表现也会受到影响。因此，现金股利承诺制度的实施效果，是摆在学术界、实务界和证监会面前的一个重要问题，本书将以现金分红承诺制度作为研究对象，力图从"资源配置—公司行为"的角度，提供相关的经验证据。

紧随着股利分红新政而来的是红利税改革，西方研究表明红利税影响了投资者的收益水平，因此是公司估值的重要因素，那么这一理论在中国适用吗？本书基于2012年资本市场红利税改革这一外生政策变化，在检验西方理论在中国适用性的基础上，就投资者结构是否影响公司估值的敏感性进行了检验。本书的研究结果为十八届三中全会提出的结构性减税提供了经验证据，也说明进一步优化投资者结构有利于资本市场的长期发展。

进一步，作为助推分红新政的重要措施之一，社保基金投资在我国受到越来越大的重视。随着中国股市日益成熟，将社保基金投入A股市场是一种很好的保值增值方式。然而，社保基金在A股市场上获得投资收益的同时，也承担了很大的市场风险，如何控制这些风险就成为了一个很有现实意义的研究课题。部分学者实证研究证明社保基金的市场风险要普遍要高于市场平均风险，存在巨额损失的可能性，因此需要加大对社保基金市场风险的控制力度，降低其潜在损失。本书将社保基金所有投资的A股股票作为研究对象，采用2012年第二季度至2013年第一季度持续期一年的数据，对社保基金投资的总体风险进行了估测，并找出了适合测算社保基金投资A股市场风险的最佳模型。

本书共分导论、制度背景分析、现金股利承诺与资源配置效率、现金股利分配、红利税改革、社保基金投资等七章,主要的研究结论如下:

一、通过分析拟上市公司作出的分红承诺特征,本书认为证监会的新政将显著提高高分红比率企业的比例,有利于 A 股市场形成价值投资的良好理念。此外,拟上市公司作出的现金股利承诺在承诺现金分红的最低比例和前提条件两方面存在较大的差异。

二、承诺高分红比例的公司更容易被证监会批准上市,但是无论对于承诺分红比例高或者低的公司组,证监会都没有考虑现金股利承诺是否附加了条件;承诺高分红比例的公司 IPO 的折价率更低,表明投资者更愿意投资承诺分红比例高的公司。在承诺分红比例高的公司组,相比现金分红附加前提条件的公司("软约束"),现金分红没有附加前提条件的公司("硬约束")IPO 的折价率更低,说明投资者在关注承诺高分红比例的公司的同时,还关注其分红承诺是否"货真价实";承诺高分红比例的公司 IPO 后的业绩更好,并且在承诺分红比例高的公司组,分红承诺不附加条件的公司 IPO 后业绩更好,而在承诺分红比例低的公司组,分红承诺是否附加条件对公司 IPO 后的业绩并没有信号预测作用。

三、通过选取与会计基础相关的可操控应计指标以及与市场相关的盈余反映系数指标进行检验,研究结果发现:现金股利分配对盈余质量产生正向影响;现金股利分配率与盈余质量也存在正相关关系;且与民营企业相比,在国有企业中,现金股利与盈余质量之间的以上关系更显著。

四、红利税差异化征收提升了高股息率公司的投资价值,进一步研究发现:股息率的估值效应仅存在于证券基金持股比例高的公司组,说明结构性减税引导了资本市场价值投资的理念,但是这一引导效果受到投资者结构的影响。

五、社保基金投资于 A 股市场的风险总体处于可控水平,可以在风险可控的水平下,逐步增加对 A 股市场的投资金额,以期得到更高的投资收益,达到保值增值的结果。同时,建立以蒙特卡罗法为核心的社保基金风险监测体系,将 VaR 系统引入社保基金是进行风险控制的必然要求。最后,在建立了 VaR 体系后还要做到及时的信息披露。信息披露规则是进行社保基金监管基本的组成部分,严格的信息披露制度的建立,有利于将社保基金投资透明化。

目　　录

第一章
导　论

第一节　研究背景与研究问题提出

现金分红是投资者获得回报的重要方式,大多数成熟资本市场的上市公司都采取长期稳定的分红政策。由于具备良好的法律环境和投资者保护制度,发达国家政府不需要对企业的分配行为进行干预。相比之下,新兴市场的企业缺乏回报投资者的意识,因此需要政府对企业的分配行为进行引导。

然而,近年来世界范围内都出现了"股利消失"现象:Fama 和 French(2001)研究了美国上市公司的现金股利政策,结果表明上市公司发放现金股利的比例从 1978 年的 66.5％下降到 1999 年的 20.8％;Denis 和 Osobov(2008)对美国、加拿大、英国、德国、法国和日本以及 Von 和 Megginson(2006)对欧盟 15 国的研究都表明上市公司发放现金股利的倾向明显降低;国内学者李常青(2001)研究发现我国上市公司同样存在着股利支付率低且不分配公司逐年增多的现象。针对这一现象,西方成熟的资本市场由于拥有较为健全的公司治理机制、有效的市场约束机制和完善的投资者法律保护机制,因而并未因"股利消失"现象而对上市公司股利政策进行过多干预。而许多发展中国家和转型经济国家由于公司治理缺乏足够的效率(Shleifer 和 Vishny,1997),因而诉诸法律强制上市公司发放股利来保护投资者,例如,巴西以法律形式规定上市公司必须将公司当期净利润的 50% 以现金股利方式支付给股东,乌拉圭对净利润的强制股利分配比例为 20%,其他规定强制分红的国家还有智利、哥伦比亚、厄瓜多尔等(La Porta 等,1998)。

近年来,证监会一直要求上市公司提高对股东的现金股利回报水平,内在的逻辑是对一个投资者保护水平低的国家,只有通过行政法规对投资者的现金流权进行保护,才能培育价值投资的理念,增强资本市场的活力和对投资者的吸引力。[1] 2001 年以来,证监会出台了多项鼓励分红的政策,主要分为把再融资资格和分红挂钩以及提醒投资者关注未分红公司存在的风险等(李常青等,2010),但是,按照《公司法》的规定,利润分配属于上市公司自主决策事项,证监会的相关规定并不具有强制性,上市公司仍拥有自主分红权。要真正提高资本市场的回报水平,就要增强上市公司现金分红的透明度,便于投资者形成明确的现金分红预期。

---

[1] 中国证券市场建立的初期,监管部门对上市公司现金分红没有硬性规定,我国上市公司普遍存在"重融资,轻分红"的现象。缺乏稳定的现金股利回报预期,导致股市投机氛围较浓,缺乏长期价值投资的理念(中国证券报,2012)。

2011年11月9日,证监会有关负责人在解答四大市场热点问题时要求"从首次公开发行股票开始,在公司招股说明书中细化回报规则、分红政策和分红计划,并作为重大事项加以提示。"此项政策在世界范围内绝无仅有,不仅与西方国家"不监管"政策不同,更是与其他发展中国家和转型经济国家的强制分红不同。该项政策并未硬性规定上市公司现金分红的比例,而是要求上市公司在"首发公开上市"(IPO)时对上市以后的现金分红作出"自愿性的承诺",并在招股说明书中详细披露现金分红的比例以及支付的条件。其本质是提高分红决策机制的透明度,强化法律制度(公司法)和市场诚信机制的约束,规范分红决策程序,为投资者参与利润分配的决策过程提供切实可行的路径。作为发展中国家和转型经济国家,中国通过对股票发行和再融资的管制来要求上市公司进行分红,证监会从2001年起就将上市公司再融资资格与股利分配水平相挂钩。现金分红承诺制度不仅会对中国资本市场产生深远影响,还为股利理论研究提供了独一无二的契机。

提高资本市场的投资价值是政府对资本市场实施监管的主要目标,红利税作为一种个人所得税,是政府通过财税手段调控资本市场的重要手段。十八届三中全会指出要以结构性减税推动结构调整与改革。紧接着,在2012年11月16日,财政部、国税总局、证监会发布了《关于实施上市公司股息红利差别化个人所得税政策有关问题的通知》(以下简称《通知》),对于红利税的税率和税基做出重大调整。那么对红利税进行改革能否利用税收杠杆,增强资本市场的投资价值和吸引力?我国资本市场成立时间较短,长期以来的分红政策不健全和规范,对于红利税改革仅有一些规范性的理论分析,尚无文献对这一问题进行实证检验。

此外,在分红新政得到证监会力推的环境下,分红新政同时也有利于推动包括社保基金在内的机构投资者进行对资本市场进行价值投资。2011年底,证监会相关负责人在财经年会上表态,2012年将迎来社保基金、企业年金、住房公积金和财政盈余资金等长期资本入市的机遇。随后有证监会基金部人士也表示,证监会正在研究促进地方社保资金、公积金余额入市的政策。近年来,全国社保基金的资产总额日益增大,在中国股市日益成熟的背景下,将社保基金投入A股市场不仅是一种很好的保值增值方式,同时也有利于分红新政的推进。然而,社保基金在A股市场上获得投资收益的同时,也承担了很大的市场风险,部分学者实证证明社保基金的市场风险普遍要高于市场平均风险,存在巨额损失的可能性。那么如何控制这些风险就成为了一个很有现实意义的研究课题,是否可以建立相应的社保基金风险控制体系,以期在加强风险监控的基础上适当加大对A股市场的投资额?

基于我国分红新政正式实施的角度,本书拟从以下几个方面展开研究:

1. 现金股利承诺对资源配置产生的影响

(1)拟上市公司在招股说明书中作出的承诺是否存在系统性的差异?

(2)证监会和投资者是否对不同类型的现金股利承诺作出了不同反应?

（3）现金股利承诺是否传递了公司价值的信号？

2．现金股利分配对企业盈余质量的影响

（1）股利分配的意愿和程度是否可以提供上市企业的盈余质量信息？

（2）产权制度这一制度环境对股利分配和盈余质量之间关系的影响？

3．红利税改革对现金股利分配政策估值效应的影响

（1）红利税差异化征收是否对不同股息率公司有着不同投资价值的影响？

（2）结构性减税引导资本市场价值投资这一机制是否受到投资者结构的影响？

4．社保基金投资 A 股市场的风险测度

（1）社保基金风险测量的相关模型分析；

（2）社保基金投资股市的 VaR 风险测度。

本书的研究不仅为评价分红新政实施的效果提供了借鉴，还对投资者理解现金股利承诺的信号作用和传导机制具有重要的理论和实践意义。

第二节　研究思路、主要内容与研究框架

本书的研究思路是在对证监会实施分红新政的制度背景和国内外资本市场发展现状进行系统分析的基础上，结合我国上市公司

的内外部环境,采取理论分析和实证检验相结合的方法,研究了分红新政对我国资本市场带来的影响,进而更加客观地认识和评价我国分红新政的有效性,为建立和完善具有中国特色的现金股利分红政策提供重要的理论基础,具有现实意义。

本书共分为七章,各章的主要内容如下:

第一章是导论部分,主要介绍了本书的研究背景、研究问题与研究思路,并给出了全书的结构框架安排。

第二章是 IPO 公司披露股利政策的制度背景分析。这一章首先分析了近年来中国上市公司现金股利政策的演变历史,指出了我国上市公司现金股利政策的特点和存在的问题,介绍了监管部门历年出台的和现金分红有关的政策,并对政策执行的效果进行了评述。

第三章是现金股利承诺与资源配置效率。这一章通过手工搜集拟上市公司的招股说明书,发现现金股利承诺存在如下两方面差异:(1)承诺现金分红比例的差异,拟上市公司承诺现金分红的最低比例之间存在较大差异;(2)现金分红前提条件的差异:部分上市公司对现金分红设置了比较高的门槛,如某公司承诺"在盈利和现金流满足公司正常经营和长期发展的前提下,每年现金分红……",这部分样本约占总体样本的 40%;另有部分公司则基本没有设置门槛。现金分红承诺作为拟上市公司的"自愿性"承诺,为研究股利理论提供了难得的契机;现金分红承诺间的差异,更是为研究资本市场资源配置效率提供了可能性。本章从 IPO 审核和 IPO 折价的角度出发,考察了现金股利承诺对于证监会和市场配置资源行为的影响,并比较了承诺不同类型的企业上市后会计业绩的差异。

　　第四章是现金股利分配、盈余质量与产权性质。长期以来的经验研究主要集中于股利变动是否会导致股价、盈余的变动,及对其可能原因的检验。不同于此,这一章主要关注的是股利分配本身是否能够提供盈余质量信息,包括现金股利分配的意愿和现金股利分配的程度。在此基础上,考虑到国有企业在我国占较大比例,且普遍存在预算软约束、"所有者缺位"、内部人控制等问题,可能导致现金股利分配与盈余质量之间的关系在国有企业和民营企业中存在显著差异。因此,这一章进一步考察了产权性质这一制度环境变量对两者之间关系的影响。

　　第五章是红利税差异化征收、投资者结构与企业价值。这一章基于 2012 年资本市场红利税改革这一外生政策变化,首先检验了西方理论预测红利税改革能够提高现金股利的估值效应这一理论在中国的适用性,是否在我国资本市场可以达到同样的效果;进一步,由于不同公司的投资者类型不同,未来承担的红利税率可能存在差异,那么不同类型的公司分配政策的估值效应是否一致呢?本章就投资者结构是否影响公司估值的敏感性进行了检验。

　　第六章是社保基金投资 A 股市场的风险测度。这一章首先对于社保基金进入 A 股市场的风险测量进行文献综述,对于社保基金的投资风险测度方法进行整体论述。接着本章对社保基金采用最常用的 VaR 分析方法,即德尔塔—正态法,历史模拟法以及蒙特卡罗法,进行 VaR 风险值测量,并通过回测检验比较各个模型下 VaR 的有效性,最终通过实证结果的比较,得出何种模型更适用于中国社保基金投资的风险测度。

第七章是研究结论与未来研究方向。这一章首先概括了本书的主要结论和启示,然后说明研究中存在的局限,并指出了将来的研究方向。

本书的总体结构安排如图 1-1 所示:

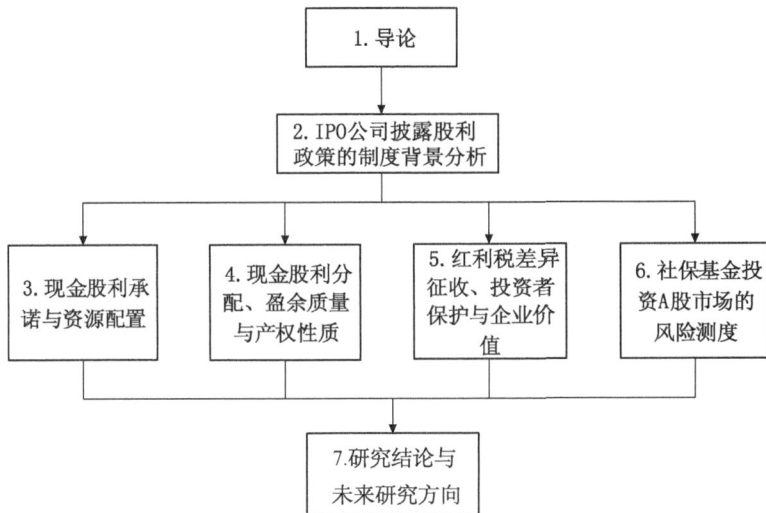

```
                    ┌─────────────┐
                    │   1.导论    │
                    └──────┬──────┘
                           │
              ┌────────────┴────────────┐
              │ 2.IPO公司披露股利          │
              │ 政策的制度背景分析         │
              └────────────┬────────────┘
    ┌──────────┬───────────┼───────────┬──────────┐
┌───┴────┐ ┌───┴────┐ ┌────┴─────┐ ┌───┴────┐
│3.现金股利│ │4.现金股利分│ │5.红利税差异│ │6.社保基金投│
│诺与资源配│ │配、盈余质量│ │征收、投资者│ │资A股市场的│
│置       │ │与产权性质  │ │保护与企业价│ │风险测度   │
│        │ │          │ │值       │ │         │
└───┬────┘ └───┬────┘ └────┬─────┘ └───┬────┘
    └──────────┴───────────┼───────────┴──────────┘
                    ┌───────┴──────┐
                    │7.研究结论与   │
                    │未来研究方向   │
                    └──────────────┘
```

图 1-1

第三节　研究的创新和贡献

现金股利承诺制度在世界范围内都是一种制度创新,缺乏该领域直接相关的文献,因此对现金股利承诺制度的研究是非常困难的,也凸显了本书的研究创新和研究价值。

第一,从承诺分红的最低比例和是否附加了条件两个角度考察了现金股利分红承诺的特点,为将来对现金股利承诺制度的研究提供了方法和新视角。

第二,十八届三中全会明确提出要健全多层次资本市场体系,推进股票发行注册制改革,这意味着证监会未来将会放弃对拟上市企业价值的判断,而把决策权交给市场。本书的研究为这一改革方向提供了有力的经验证据,即进一步提高新股发行市场化程度将提高资源配置的效率。

第三,随着中国上市公司分红新政的出台,强制性"现金分红承诺"已成事实,政策导向清晰。而国内学者的研究集中于公司现金分红与否或多分少分的原因,对于现金股利与公司盈余质量之间的关系却鲜有研究。因此,本书提高了对现金股利在公司治理中所发挥作用的认识。在此基础上,进一步考虑了企业产权性质这一外部制度环境对两者关系的影响,丰富了不同产权性质的企业现金分配与盈余质量之间关系的相关文献,为改善公司股利分配问题和提高公司盈余质量,提供了新的视角和思路。

第四,运用经济学和财务学中的理论分析了现金股利承诺的影响机制,为深入理解现金股利承诺的影响提供了重要的经验证据。

第二章
IPO 公司披露股利政策的制度背景分析

第一节　强制披露现金分红政策

　　近年来,证监会一直试图通过制度导向提高上市公司对股东的现金股利回报水平,内在的逻辑是对一个投资者保护水平低的国家,只有通过行政法规对投资者的现金流权进行保护,才能培育价值投资的理念,增强资本市场的活力和对投资者的吸引力。2001年以来,证监会出台了多项鼓励分红的政策,主要分为把再融资资格和分红挂钩以及提醒投资者关注未分红公司存在的风险等(李常青等,2010),但是,按照《公司法》的规定,利润分配属于上市公司自主决策事项,证监会并不能强制干预上市公司的分红政策,上市公司仍拥有自主分红权。作为发展中国家和转型经济国家,和很多发达国家采用注册制发行股票不同,中国通过对股票发行的管制来要求上市公司进行分红。

　　2011年,证监会有关负责人在解答四大市场热点问题时要求

"从首次公开发行股票开始,在公司招股说明书中细化回报规则、分红政策和分红计划,并作为重大事项加以提示。"此项政策在世界范围内绝无仅有,不仅与西方国家"不监管"政策不同,更是与其他发展中国家和转型经济国家的强制分红制度不同。该项政策并未硬性规定上市公司现金分红的比例,而是要求上市公司在"首发公开上市"(IPO)时对上市以后的现金分红作出"自愿性的承诺",并在招股说明书中详细披露现金分红的比例以及支付的条件。这一政策的目的在于提高资本市场的回报水平,保护投资者的权益,提高资本市场的资源配置效率。这项新的信息披露制度创造性地把企业决策和政府监管结合在了一起,为研究政府管制的经济后果提供了难得的契机。

第二节　我国资本市场现金股利政策的
特点和存在的问题

为了研究 A 股上市公司现金股利政策的特点,本书考察了 1994 年至 2012 年之间的数据。[①] 图 2-1 报告了统计的结果,可以发现中国 A 股资本市场的规模从 1994 年的 354 家上市公司增加到了 2012 年的 2 577 家上市公司,伴随着资本市场的扩容,进行分红的上市公司数也从 271 家增加到 1 836 家。

---

① 本书采取 1994 年之后的数据是因为 1994 年之前上市被强制要求分配现金股利,对研究产生较大的噪音。

11

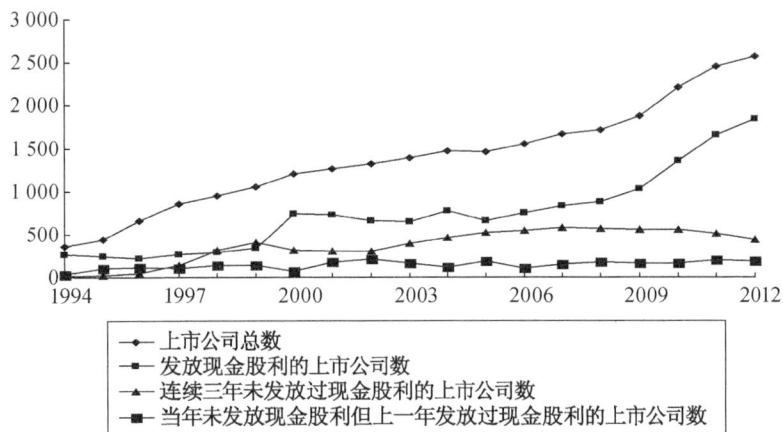

图 2-1　中国上市公司现金股利政策的变化趋势

然而上市公司的分红倾向并不是一成不变的,图 2-2 显示上市公司的分配倾向表现出先下降后上升的变化趋势,分红公司占上市公司总数的比例从 1994 年的 76.55％下降到 1998 年的 30.09％,

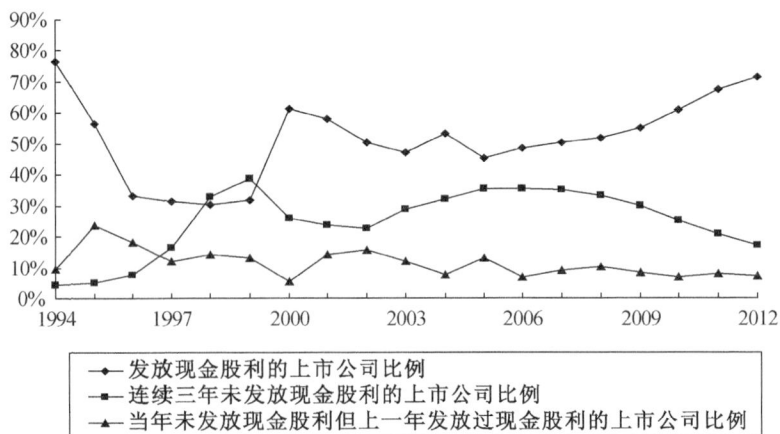

图 2-2　中国上市公司现金股利政策的变化趋势(续)

2000年迅速回升到61.38％。之后的10年(2000年至2010年),发放现金股利的公司基本在40％至60％之间波动。2010年之后这一比例又逐年上升,2012年进行分红的上市公司比例为71.25％,说明上市公司的分红意愿已有了长足的进步。

然而,光比较时间序列的变化并不能得到可靠的结论,为了进一步判断中国上市公司的分红水平,本书还统计了美国上市公司的数据(数据来源:Compustat数据库,样本选择方法详见Fama和French,2001),并和中国的数据进行了对比,发现了如下规律:

(1) 图2-3比较了近10年来中国和美国上市公司现金分红倾向,可以发现中国上市公司的现金分红倾向已经高于美国公司,2001年A股进行现金分红的上市公司的比例在45％至61％之间,同期美国NYSE、AMEX和NASDAQ的上市公司的分红比例基本在25％至33％之间波动,由此可得美国上市公司的现金分红倾向低于同期A股上市公司。

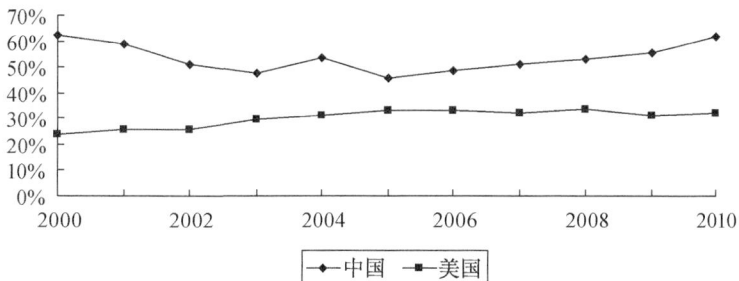

图2-3 中国和美国上市公司现金分红政策的比较

(2) 中国上市公司的分红比率低于美国。本书用上市公司分配的现金股利总和除以净利润总和计量资本市场现金股利的回报水平

(Fama 和 French，2001)，本书计算了中国和美国资本市场的数据，并进行了对比。结果显示 2000 年至 2010 年 A 股上市公司的分红比率在 28.26% 至 54.06% 之间，均值为 35.68%，这一比例低于同期美国的平均水平(39.41%)，[①] 年度的趋势图(图 2-4)也显示了类似的结论。

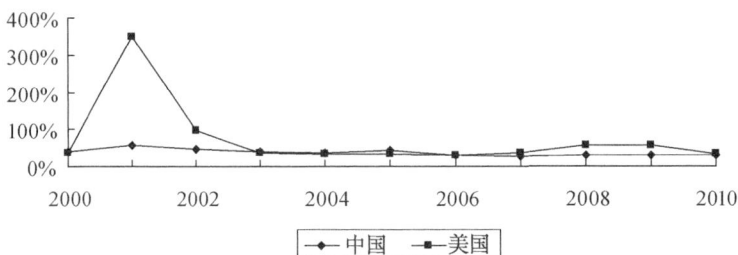

图 2-4　中国和美国上市公司现金分红力度比较

本书还用股息率衡量了分红的力度，统计的结果显示：2000 年至 2010 年美国上市公司的股息率在 1.06% 到 3.14% 之间波动，均值为 1.86%，同期 A 股市场的股息率在 0.68% 到 2.3% 之间波动，均值为 1.47%。考虑到美国企业越来越倾向利用股票回购代替现金股利支付回报投资者(Fama 和 French，2001)，因此美国公司对于投资者的回报水平超过了名义现金股利。图 2-5 描述了中国和美国上市公司股息率的年度趋势图，可以发现在大部分年份中 A 股上市公司的股息率都低于美国上市公司，说明 A 股上市公司还有比较大的提升空间。

尽管中国上市公司现金股利分配政策无论从分配的公司数还

---

① 本书在计算时没有包括 2001 年和 2002 年的数据，因为这两年互联网泡沫导致大量企业亏损，因此分红比例分别为 350% 和 98%。

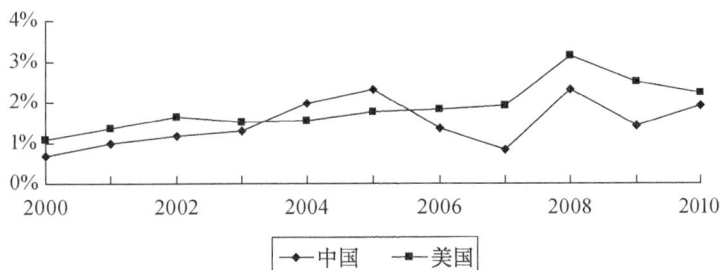

图 2-5 中国和美国上市公司现金分红力度比较(续)

是还是分配比例上都已经接近发达国家,但是仍然存在以下两大
问题:

(1)缺乏持续性。图2-2显示每年都有10%左右的上市公司的
现金股利政策缺乏连续性(前一年发放了现金股利但当年不发),图
2-6同样显示:2000年之前连续5年坚持分配现金股利的公司比例
只有3%左右,2000年至2012年逐渐提高,2012年这种公司占到了
20.77%左右;2000年之前连续4年坚持分配现金股利的公司比例
只有5.67%左右,2000年至2012年逐渐提高,2012年这种公司占
到了27.65%左右;2000年之前连续3年坚持分配现金股利的公司
比例只有9.4%左右,2000年至2012年逐渐提高,2012年这种公司
占到了40.49%左右;虽然上市公司持续分红的倾向有所提高,这与
发达资本市场上市公司有较大的差异。发达国家大多数公司在决
定分红政策时一般都有事先确定的目标分红金额或分红比率,管理
层会尽量保持稳定股利政策(通用汽车、可口可乐等道琼斯指数成
份股数十年来保持一定数额的派现)(《证券时报》,2011年9月29
日)。

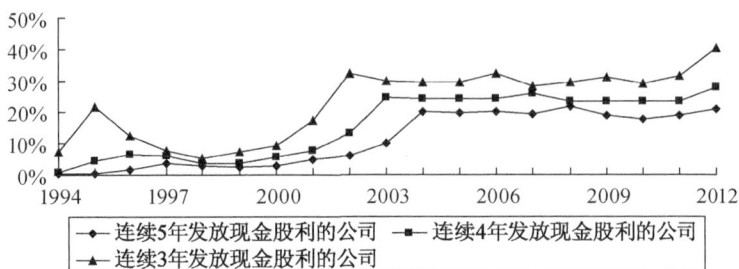

图 2-6　上市公司现金股利政策的持续性

（2）分红力度有待加强。上市公司图 2-7 显示从 1994 年至 2012 年,分红比率在 5％至 20％之间的上市公司比例虽然从 10％上升到了 20％,但高分红的公司比例仍然偏低,投资者选择高分红比率的公司进行价值投资的难度较大,不利于 A 股市场形成价值投资的良好理念。

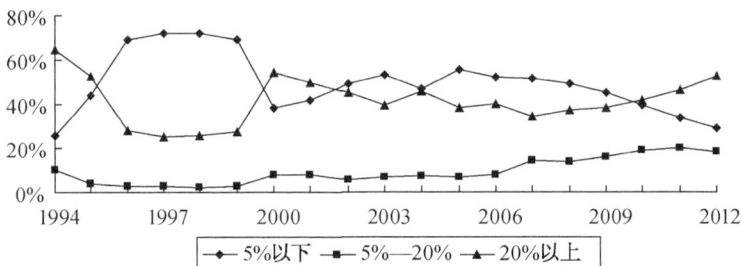

图 2-7　上市公司分红力度的变化趋势

根据证监会出台的法律法规,年均分红比例在 20％至 30％的公司被认为是值得投资的好公司,因此才能够获得再融资的权利。2012 年上交所出台的分红指引要求:"上市公司年度报告期内盈利且累计未分配利润为正,未进行现金分红或拟分配的现金红利总额（包括中期已分配的现金红利）与当年归属于上市公司股东的净利润之比低于百分之三十的,公司应当在审议通过年度报告的董事会公告中详细披露以下事项:(一)结合所处行业特点、发展阶段和自身经营模式、盈利水平、资金需求等因素,对于未进行现金分红或现金分红水平较低原因的说明;(二)留存未分配利润的确切用途以及预计收益情况;(三)董事会会议的审议和表决情况;(四)独立董事对未进行现金分红或现金分红水平较低的合理性发表的独立意见。"2006(2008)年证监会出台的关于再融资的规定要求:"上市公司公开发行证券应符合最近三年以现金方式累计分配的利润不少于最近三年实现的年均可分配利润的百分之二十(三十)",30%的分红水平反映了监管机构对于上市公司分红力度的期望值,然而根据之前的分析,长期坚持30%分红水平的公司比例较低,说明长期以来上市公司一直实施了较低的现金股利政策(图2-8)。

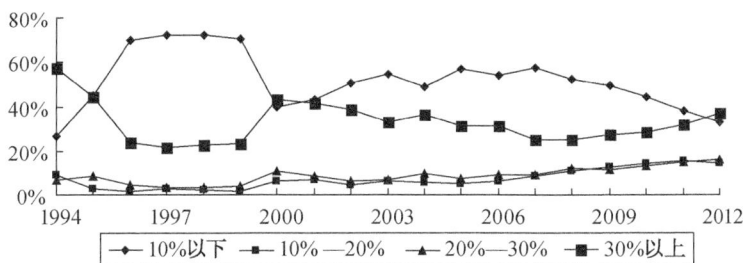

图 2-8　上市公司分红力度的变化趋势(续)

第三节　证监会出台的针对现金分红的政策以及效果评价

近年来,随着证监会不断出台政策要求上市公司提高分红水平,上市公司现金分红的稳定性、回报率、分红意愿都有长足进步。

表2-1是1994年—2012年我国上市公司分红力度统计表,附录中则归纳了影响上市公司现金分红政策的法律法规,总体来看证监会主要是从两个方面提高上市公司分红的分红水平:①

第一,把再融资权和现金分红水平挂钩。其中,《上市公司新股发行管理办法》(2001)规定:"对于公司最近三年未有分红派息,董事会对于不分配的理由未作合理解释的,证监会不予核准新股发行申请";《关于加强社会公众股股东权益保护的若干规定》(2004)规定:"上市公司最近三年未进行现金利润分配的,不得向社会公众增发新股、发行可转换公司债券或向原有股东配售股份";《上市公司证券发行管理办法》(2006)规定:"上市公司公开发行证券应符合最近三年以现金方式累计分配的利润不少于最近三年实现的年均可分配利润的百分之二十";《关于修改上市公司现金分红若干规定的决定》(2008)规定:"上市公司公开发行证券应符合最近三年以现金方式累计分配的利润不少于最近三年实现的年均可分配利润的百分之三十。"证监会审批再融资申请的标准,从最初的"上市公司最近三年是否进行现金利润分配"到"分红比例是否超过近三年实现的年均可分配利润的百分之三十",反映了证监会提升资本市场回报投资者水平的理念和决心。因为上市公司普遍存在再融资的需求(黄少安和张岗,2001),证监会控制再融资权进而提高上市公司分红力度的政策是非常有效果的,这也能够解释为什么在2006年之后,实施现金分红政策的上市

———————————
① 本书把证监会对上市公司申请再融资要求的净资产收益率要求(1999)也纳入附录,是因为一些公司为了达到再融资的盈利要求,可能会通过分红降低净资产,从而提高净资产收益率。

公司比例稳步提高。

　　第二，提高上市公司分红决策的透明度,强化法律制度(公司法)和市场诚信机制的约束,规范分红决策程序,为投资者参与利润分配的决策过程提供切实可行的路径。其中,《关于加强社会公众股股东权益保护的若干规定》(2004)规定:"上市公司董事会未做出现金股利分配预案的,应当在定期报告中披露原因,独立董事应当对此发表独立意见";《关于修改上市公司现金分红若干规定的决定》(2008)要求:"对于本报告期内盈利但未提出现金利润分配预案的公司,应详细说明未分红的原因、未用于分红的资金留存公司的用途。公司还应披露现金分红政策在本报告期的执行情况。同时应当以列表方式明确披露公司前三年现金分红的数额、与净利润的比率";《上海证券交易所上市公司现金分红指引》要求:"上市公司年度报告期内盈利且累计未分配利润为正,未进行现金分红或拟分配的现金红利总额(包括中期已分配的现金红利)与当年归属于上市公司股东的净利润之比低于百分之三十的,公司应当在审议通过年度报告的董事会公告中详细披露以下事项:(一)结合所处行业特点、发展阶段和自身经营模式、盈利水平、资金需求等因素,对于未进行现金分红或现金分红水平较低原因的说明;(二)留存未分配利润的确切用途以及预计收益情况;(三)董事会会议的审议和表决情况;(四)独立董事对未进行现金分红或现金分红水平较低的合理性发表的独立意见。"综合来看,上市公司不发放现金股利需要承担的披露成本越来越大,保存盈余的相对收益越来越低,一定程度也提高了上市公司的分红意愿。

表 2-1　1994 年—2012 年上市公司分红力度统计表

分配比率	1994	1995	1996	1997	1998	1999
5%以下	73	136	356	519	593	640
	25.52%	43.73%	69.26%	72.18%	71.97%	69.41%
5%～10%	3	3	4	0	3	9
	1.05%	0.96%	0.78%	0.00%	0.36%	0.98%
10%～15%	9	6	5	8	8	8
	3.15%	1.93%	0.97%	1.11%	0.97%	0.87%
15%～20%	17	3	5	11	9	10
	5.94%	0.96%	0.97%	1.53%	1.09%	1.08%
20%～30%	20	26	22	26	26	39
	6.99%	8.36%	4.28%	3.62%	3.16%	4.23%
30%～40%	23	26	15	26	31	46
	8.04%	8.36%	2.92%	3.62%	3.76%	4.99%
40%～50%	35	29	22	20	28	35
	12.24%	9.32%	4.28%	2.78%	3.40%	3.80%
50%～60%	23	23	26	27	32	37
	8.04%	7.40%	5.06%	3.76%	3.88%	4.01%
60%以上	83	59	59	82	94	98
	29.02%	18.97%	11.48%	11.40%	11.41%	10.63%
公司总数	286	311	514	719	824	922
分配比率	2000	2001	2002	2003	2004	2005
5%以下	405	475	591	674	634	747
	38.24%	41.81%	49.25%	53.24%	46.82%	55.29%
5%～10%	16	16	14	14	23	19
	1.51%	1.41%	1.17%	1.11%	1.70%	1.41%
10%～15%	24	34	26	43	35	34
	2.27%	2.99%	2.17%	3.40%	2.58%	2.52%

（续　表）

分配比率						
15%～20%	42	44	28	33	40	36
	3.97%	3.87%	2.33%	2.61%	2.95%	2.66%
20%～30%	115	99	77	87	127	97
	10.86%	8.71%	6.42%	6.87%	9.38%	7.18%
30%～40%	101	113	90	87	113	90
	9.54%	9.95%	7.50%	6.87%	8.35%	6.66%
40%～50%	114	113	85	87	97	97
	10.76%	9.95%	7.08%	6.87%	7.16%	7.18%
50%～60%	68	65	85	56	66	74
	6.42%	5.72%	7.08%	4.42%	4.87%	5.48%
60%以上	174	177	204	185	219	157
	16.43%	15.58%	17.00%	14.61%	16.17%	11.62%
公司总数	1 059	1 136	1 200	1 266	1 354	1 351

分配比率	2006	2007	2008	2009	2010	2011	2012
5%以下	744	793	790	795	829	786	716
	51.88%	51.26%	49.31%	45.40%	39.38%	33.60%	29.01%
5%～10%	25	92	50	66	102	108	92
	1.74%	5.95%	3.12%	3.77%	4.85%	4.62%	3.73%
10%～15%	38	71	78	103	134	176	180
	2.65%	4.59%	4.87%	5.88%	6.37%	7.52%	7.29%
15%～20%	53	61	92	115	166	180	177
	3.70%	3.94%	5.74%	6.57%	7.89%	7.70%	7.17%
20%～30%	128	142	191	198	273	351	392
	8.93%	9.18%	11.92%	11.31%	12.97%	15.01%	15.88%
30%～40%	116	134	129	152	213	263	363
	8.09%	8.66%	8.05%	8.68%	10.12%	11.24%	14.71%
40%～50%	119	95	98	112	144	164	182
	8.30%	6.14%	6.12%	6.40%	6.84%	7.01%	7.37%

(续　表)

分配比率	2006	2007	2008	2009	2010	2011	2012
50%～60%	77	70	56	69	71	115	113
	5.37%	4.52%	3.50%	3.94%	3.37%	4.92%	4.58%
60%以上	134	89	118	141	173	196	253
	9.34%	5.75%	7.37%	8.05%	8.22%	8.38%	10.25%
公司总数	1 434	1 547	1 602	1 751	2 105	2 339	2 468

附录　影响上市公司现金分红政策的法律法规

法规名称	实施日期	涉及现金分红的主要内容
中国证监会关于上市公司配股工作有关问题的通知	1999 年 3 月 27 日	上市公司公开发行证券应符合公司上市超过 3 个完整会计年度的,最近 3 个完整会计年度的净资产收益率平均在 10% 以上;上市不满 3 个完整会计年度的,按上市后所经历的完整会计年度平均计算;属于农业、能源、原材料、基础设施、高科技等国家重点支持行业的公司,净资产收益率可以略低,但不得低于 9%;上述指标计算期间内任何一年的净资产收益率不得低于 6%。
关于上市公司配股工作有关问题的补充通知	2000 年 3 月 16 日	企业应在《配股说明书》中增加第五部分详细说明公司上市后历年分红派息的情况。
关于做好上市公司新股发行工作的通知	2000 年 3 月 15 日	上市公司申请配股,除应当符合《上市公司新股发行管理办法》的规定外,还应当符合以下要求:经注册会计师核验,公司最近 3 个会计年度加权平均净资产收益率平均不低于 6%;扣除非经常性损益后的净利润与扣除前的净利润相比,以低者作为加权平均净资产收益率的计算依据;设立不满 3 个会计年度的,按设立后的会计年度计算。
上市公司新股发行管理办法	2001 年 3 月 28 日	对于公司最近 3 年未有分红派息,董事会对于不分配的理由未作合理解释的,证监会不予核准新股发行申请。

（续　表）

法规名称	实施日期	涉及现金分红的主要内容
关于加强社会公众股股东权益保护的若干规定	2004年12月7日	上市公司董事会未做出现金股利分配预案的,应当在定期报告中披露原因,独立董事应当对此发表独立意见;上市公司最近3年未进行现金利润分配的,不得向社会公众增发新股、发行可转换公司债券或向原有股东配售股份。
上市公司证券发行管理办法	2006年5月6日	上市公司公开发行证券应符合最近3年以现金方式累计分配的利润,不少于最近3年实现的年均可分配利润的20%。
关于修改上市公司现金分红若干规定的决定	2008年10月9日	上市公司公开发行证券应符合最近3年以现金方式累计分配的利润,不少于最近3年实现的年均可分配利润的30%。上市公司应披露本次利润分配预案或资本公积金转增股本预案。对于本报告期内盈利但未提出现金利润分配预案的公司,应详细说明未分红的原因、未用于分红的资金留存公司的用途。公司还应披露现金分红政策在本报告期的执行情况。同时应当以列表方式明确披露公司前3年现金分红的数额、与净利润的比率。
关于进一步落实上市公司现金分红有关事项的通知	2012年5月4日	上市公司需要在章程中载明以下内容:(一)公司董事会、股东大会对利润分配尤其是现金分红事项的决策程序和机制,对既定利润分配政策尤其是现金分红政策作出调整的具体条件、决策程序和机制,以及为充分听取独立董事和中小股东意见所采取的措施;(二)公司的利润分配政策尤其是现金分红政策的具体内容,利润分配的形式,利润分配尤其是现金分红的期间间隔,现金分红的具体条件,发放股票股利的条件,各期现金分红最低金额或比例(如有)等;(三)上市公司应当在定期报告中详细披露现金分红政策的制定及执行情况,说明是否符合公司章程的规定或者股东大会决议的要求,分红标准和比例是否明确和清晰,相关的决策程序和机制是否完备,独立董事是否尽职履责并发挥了应有的作用,中小股东是否有充分表达意见和诉求的机会,中小股东的合法权益是否得到充分维护等。对现金分红政策进行调整或变更的,还要详细说明调整或变更的条件和程序是否合规和透明等。

法规名称	实施日期	涉及现金分红的主要内容
上海证券交易所上市公司现金分红指引	2013 年 1 月 7 日	上市公司年度报告期内盈利且累计未分配利润为正,未进行现金分红或拟分配的现金红利总额(包括中期已分配的现金红利)与当年归属于上市公司股东的净利润之比低于 30% 的,公司应当在审议通过年度报告的董事会公告中详细披露以下事项:(一)结合所处行业特点、发展阶段和自身经营模式、盈利水平、资金需求等因素,对于未进行现金分红或现金分红水平较低原因的说明;(二)留存未分配利润的确切用途以及预计收益情况;(三)董事会会议的审议和表决情况;(四)独立董事对未进行现金分红或现金分红水平较低的合理性发表的独立意见。

第三章
现金股利政策承诺与资源配置效率

第一节　引　　言

我国长期处于转型经济阶段,一直以来政府对于资源分配进行了高度的管制(李敏才和刘峰,2012)。在股票发行核准制下,新股发行资源的分配是由证监会而非市场选择的结果。十八届三中全会提出推进股票注册制改革,这一改革方向决定了证监会的角色将由审批者转为监管者。未来股票的发行将以信息披露为中心,证监会负责对发行人信息披露的准确性和全面性进行审核,不会对公司的投资价值作出判断。那么发行人披露的信息是否向投资者传递了公司价值的信号?究竟是政府这只"看得见的手"还是市场这只"看不见的手"配置资源更有效率?本书试图通过研究现金股利承诺制度对于资源配置行为的影响,来回答在资源配置的效率方面,政府和市场孰优孰劣。

新兴市场由于缺乏良好的法律环境和投资者保护制度,需要通过政策规范和引导公司的分配行为。鉴于长期以来上市公司忽视对投资者的现金股利回报,2011 年 11 月 9 日,证监会要求申请上市的公司必须在公司章程中作出对股东进行现金回报的承诺,这一政策的目的在于提高资本市场的回报水平,保护投资者的权益,提高资本市场的资源配置效率。该项政策并未硬性规定上市公司现金分红的比例,而是要求上市公司在"首发公开上市"(IPO)时对上市以后的现金分红作出"自愿性的承诺",并在招股说明书中详细披露现金分红的比例以及支付的条件。这项新的信息披露制度创造性地把企业决策和政府监管结合在了一起,为研究政府和市场对于分红承诺做出的反应提供了难得的研究契机。发行人作出现金股利承诺时必须考虑自身的经营情况,因为一方面承诺较高的分红比例需要未来有足够的现金流作为保障,另一方面管理层必须对于企业未来发展非常有信心。那么分红承诺中的信息能否被证监会捕捉到,进而影响证监会审核新股发行的行为(政府之手)? 还有,这种信息能否被投资者捕捉到,进而影响新股的发行定价效率(市场之手)? 最后,公司作出的现金股利承诺是否真的传递了公司价值的信号?

十八届三中全会明确提出要健全多层次资本市场体系,推进股票发行注册制改革,这意味着证监会未来将会放弃对拟上市企业价值的判断,而把决策权交给市场。本书的研究为这一改革方向提供了有力的经验证据,即进一步提高新股发行市场化程度将提高资源配置的效率。此外,本书的研究说明全面的信息披露有助于投资者判断企业的价值,为证监会未来进一步提高发行人信息披露水平提供了证据支持。

第二节　文 献 综 述

近年来,证监会一直要求上市公司提高对股东的现金股利回报水平,内在的逻辑是对一个投资者保护水平低的国家,只有通过行政法规对投资者的现金流权进行保护,才能培育价值投资的理念,增强资本市场的活力和对投资者的吸引力。

2001 年以来,证监会出台了多项鼓励分红的政策,主要分为两类:一是将再融资资格和分红挂钩;二是提醒投资者关注未分红公司存在的风险等。李常青等(2010)检验了市场对于半强制分红政策的反应,发现这一政策对有融资需求的公司价值产生了负面的影响。他们指出虽然利润分配属于上市公司自主决策事项,证监会的相关规定也并不具有强制性,但是半强制分红政策实际上干预了有再融资需求的企业的分红决策权。他们建议引导上市公司进行利润分配管理,并设立现金分红额长期制度安排。本书认为,有效率的监管方式不仅应该充分保障上市公司的自主分红权的,还需要增强上市公司现金分红的透明度,便于投资者形成明确的现金分红预期,方便投资者分析投资价值。

1. 股利政策相关的研究

股利政策一直是财务学界极富争议性的焦点问题之一。Miller和 Modigliani(1961)(简称 MM,1961)提出在不存在"摩擦成本"(例如：融资成本）的市场上，在投资水平一定的前提下，分配政策对公司价值没有影响。由于现实世界并不存在 MM（1961）假设的环境，他们的假设很难被经验数据支持。学者根据现实中存在的"摩擦成本"放宽了 MM（1961）的假设，提出了一些解释现金股利分配行为的理论，从而使得现金股利的研究得到了长足的发展。首先，现实资本市场上，投资者和企业之间存在严重的信息不对称情况，为了缓解信息不对称的程度，Lintner（1956）提出了股利政策信号传递理论，即公司会通过发放股利向投资者传递公司未来投资机会的信号。其次，现实世界中，股东和管理层之间存在严重的委托代理问题，为了降低了管理层能够控制的现金流，发放现金股利是一种较好的约束机制（Easterbrook，1984；Jensen，1986）。最后，由于现实中红利税和资本利得税存在差异，企业发放现金股利的解释还包括顾客效应理论（Farrar 和 Selwyn，1967）。

Jensen 和 Meckling（1976）提出代理问题的两种形式：第一类代理问题由企业所有权与控制权分离产生，所指的是股东与管理层之间的委托代理问题；第二类代理问题是由高度集中的股权结构产生，所指的是控股股东与中小股东之间的委托代理问题，这类代理问题普遍存在与投资者保护较差的国家。

基于第一类代理问题，Easterbrook（1984）和 Jensen（1986）提出股利代理成本理论，认为现金股利可以有效地减少公司管理层控制的现金流量，从而降低股东和管理层之间的代理成本。Shleifer 和 Vishney（1986）指出大股东比小股东更能够有效监督管理层行为，通过发放高股利，公司对大股东的监督行为进行了补偿。大量的实证研究结果支持了现金股利的代理成本假说,Black(1976)发现支付股利减少了公司能够支配的自由现金流量,从而抑制公司潜在的过度投资问题,支持了现金股利能够降低委托代理成本的结论。Eckbo 和 Verma(1994)运用加拿大的数据检验了管理层控股比例和现金股利政策之间的关系,发现公司发放现金股利的倾向和管理层持股负相关,说明存在严重的内部人控制的企业倾向把盈余保存在企业内部。DeAngelo 等(2006)运用美国上市公司的数据检验了公司分配行为和留存收益之间的关系,他们发现当企业拥有较多留存收益时更加倾向发放现金股利,说明当企业处于成熟期时会倾向发放股利,支持了企业会通过发放现金股利缓解股东和管理层的委托代理问题。Eije 和 Megginson(2008)用欧盟的数据也发现处于成熟期的企业更可能发放现金股利。Khang 和 King(2003)发现现金股利降低了内幕交易的收益。唐雪松等(2007)、魏明海和柳建华(2007)研究同样表明支付现金股利能够减少经理人可支配的自由现金流,因此现金分红具有抑制过度投资的作用。

还有一些学者运用跨国的数据进行了检验,得到的经验证据也支持了代理成本理论(La Porta 等,2000;Mitton,2004)。La Porta 等(2000)在控股股东与小股东之间的代理理论框架内分析股利政策。在对来自 33 个国家的 4 000 家公司组成的样本进行分析之后,他们发现普通法系国家(投资者保户水平高),公司的股利支付率高于大陆法系国家(投资者保护水平低)。Mitton(2004)比较了不同治理水平的企业现金股利政策的差异,发现企业的治理水平越高发放现金股利的倾向越高,但是这种相关性仅存在于投资者保护水平较高的国家。陈信元等(2003)根据佛山照明的案例指出,由于现金股利可能是大股东转移资金的工具。Chen 等(2009)认为由于非流通股股东与非流通股股东存在利益冲突,非流通股股东会利用控制权迫使公司发放高额现金股利,转移上市公司资源。基于中国上市公司的数据,黄志忠(2006)研究表明非流通股股东实现其股权价值最大化的途径有两个:派发现金股利和侵占公司资源。唐跃军和谢仍明(2006)研究发现第一大股东持股比例、第一大股东处于绝对控股地位与派发现金股利的"隧道效应"显著正相关。Huang 等(2011)发现了类似的结论。现有学者已研究第二类代理问题与现金股利派发之间关系,且也有大量研究掏空的文献(Shleifer 和 Daniel,2002;李增泉等,2004)。

Lintner(1956)提出现金股利信号理论也得到了很多经验证据的支持。Asquith 和 Mullins(1983)对 1954 年至 1980 年期间纽约证券交易所(NYSE)和美国证券交易所(AME)上市公司的股利分配进行了研究,他们采用典型的累计超额收益率法,发现在股利公告期间出现了 3.17% 的超额收益,其检验结论是首次股利公告具有显著的信号传递效应。Dielman 和 Oppenheimer(1984)对 NYSE 上市公司 1969 年至 1977 年间股利变化加以研究,同样支持现金股利的信号传递效应。Brickley 等(1983)的检验结果同样有力地支持了股利的信号传递效应假说。也有学者发现了不支持信号理论的证据,Benartzi 等(1997)考察了增加股利支付的公司随后一年的业绩表现,发现这些公司的业绩并没有明显提高;减少股利支付的公司随后一年的业绩并没有显著降低,说明企业提高股利支付的行为并不是为了向市场传递未来业绩的信号。Michaely 和 Roberts(2012)比较了英国上市和非上市公司的现金股利政策,发现相比上市公司,非上市公司更不倾向平滑股利,说明资本市场的监督是企业平滑股利政策的重要动因,他们还发现对于只有少量股东(几乎不存在委托代理问题)的非上市公司,现金股利政策完全由投资机会决定,说明委托代理问题能够解释现金股利政策。Brav 等(2005)通过调查问卷的形式考察了管理层发放现金股利的动机,他们的调查结果显示平滑股利是主要的动机,企业在保留足够的盈余用于再投资后才会考虑增加股利支付,管理层不倾向通过提高股利向投资者传递公司价值的信息。魏刚(1998)关于派现与送股的分析基本与陈晓等(1998)的结论一致,即市场欢迎派发红股。另外魏刚(1998)还利用年报公布的其他信息,比较了分红与不分红的市场反应、解释不分红原因与不予解释的市场反应。

　　研究税收政策和公司分配行为的关系是验证股利顾客效应理论的热点话题。Allen 等(2000)比较了实施不同股利政策的公司投资者结构的差异,发现发放现金股利的公司更加容易吸引机构投资者(相比私人投资者承担的红利税较低)。Graham 和 Kumar(2006)调查了 60 000 个家庭股票交易的行为,发现收入较低的家庭不倾向持有高现金股利的公司,支持了顾客效应理论。2003 年美国的工作、增长、减税和解法案(大幅减免了个人投资者的红利税)为研究股利政策的顾客效应提供了良好的机会。

　　许多国外学者基于 2003 年美国政府大幅降低个人投资者的红利税这一政策变化,考察公司的分配行为是否受税收政策的影响,并没有得到统一的结论。Poterba(2004)运用时间序列数据考察了资本利得税如何影响分红和红利税的关系,并预测美国的个人投资者红利税减免政策会促进 20% 的企业发放红利。Chetty 和 Saez (2005)也发现,2003 年美国取消了个人投资者的红利税后,原本分红的公司加强了分红的力度,公司总的分配水平提高了。但这样的发现很少存在于机构投资者持有较多股份的公司(不免税)。相反,较多存在于控股股东是个人投资者的公司里。Perez-Gonzalez (2003)发现不发放红利或者只回购股票的公司里管理层持股的概率较高,只发放股利或者分配时既发放股利又回购股票的公司里管理层持股的概率较小,同时发现公司的股利政策受到大股东是否有避税倾向的影响。Nam 等(2004)发现 2003 年以后公司的股利政策和经营者持有的股份相关,而在 2003 年之前没有发现关系。Blouin 等(2004)和 Brown 等(2007)发现 2003 年以后,公司开始用发放红利替代股票回购作为分配方式,是否替代的概率和公司个人投资者占有股份有关。还有一些学者关注了欧洲红利税改革后公司的分配行为,Holmen 等(2008)考察了瑞士公司管理层买卖股票需要承担的边际税率和公司分配行为的关系,发现公司内部人买卖股票的边际税率越低,越不倾向分配股利。Korkeamaki 等(2010)发现 2004 年芬兰所得税改革后公司决定分配方案时会考虑大股东的避税需求。但是 Brav 等(2005)通过对 384 家公司 CFO 的调查结果,发现税收是上市公司分配决定的次要考虑因素,首要考虑因素是现金流和盈利能力。

结合现有文献,从公司层面来说,分配现金股利的公司有更好的治理结构,较低的委托代理成本,受到了投资者的欢迎;从宏观经济角度来说,资本市场整体分红水平的提高增强了资本市场的吸引力,因此是发展资本市场的前提条件。由于本研究的场景是公司上市前作出现金股利承诺,这在世界范围内都绝无仅有,因而关于上市后是否兑现股利承诺的市场反应的研究在目前国内外学术界尚无。

2. IPO 发行和抑价的研究

证监会对于企业上市监管体现在很多方面,包括决定谁能上市、发行数量、发行定价以及发行时间等(Ma 等,2010)。关于监管效率的问题,现有文献没有得到一致的结论。一种观点认为,政府的监管对资源配置的效率产生了不利影响(Chen 等,2012;Aharony 等,2000;吴联生和刘慧龙,2008;Chen 和 Yuan,2004;李敏才和刘峰,2012)。Chen 等(2012)发现在新股发行较为市场化的时期 IPO 公司的盈余质量较高,相反在政府对新股发行高度管制的时期,IPO 公司的盈余质量较低。长期来看,政府高度管制时期公司上市后盈余反转的概率更大,说明证监会对于新股发行资源的管制导致发行人有强烈的机会主义动机进行盈余管理,从而降低了新股上市资源的配置效率。Chen 和 Yuan(2004)提供的经验证据显示,虽然证监会在审批再融资申请时会通过非经营性收益判断上市公司是否存在盈余操纵行为,仍然有很多公司通过盈余管理达到会计业绩要求并获得再融资的权利,这些公司再融资后的业绩低于盈余管理较少的公司,说明证监会没有帮助投资者挑选出高质量的公司。吴联生和刘慧龙(2008)研究了 1994—2004 年国有企业改制上市的问题,发现政府偏向采用存续分立上市的国有企业(政策性负担重的企业)筹集更多的资金,企业上市后的业绩表现证明,政府的"偏袒"降低了资源配置的效率。民营企业可以通过"拟上市企业—中介机构—发审委"社会关系网络削弱发审委审核的独立性,导致新股发行资源配置效率的降低(李敏才和刘峰,2012)。

另一种观点则认为,中国的法律制度不完善,证监会的监管有效弥补了法律缺失带来的监管空白,保护了投资者的利益。例如,Pistor 和 Xu(2005)认为尽管转型国家法律制度不健全,无法有效支持资本市场的快速发展,但 90 年代的中国还是通过股票发行配额制建立了地区之间的竞争机制,增加了地方政府在发行过程中承担的责任,提高了上市公司的质量。Du 和 Xu(2009)也发现审批制下,地方政府有动机向证监会推荐业绩较好的国有企业。

总体来说,学术界主要从效率的角度考察上市审批的必要性,同时考察和比较"政府之手"和"市场之手"配置资源效率的文献很少,用于分析政策的评价缺少一定的完整性。现金股利承诺强制披露政策在世界范围内都是一种制度创新,因而尚无文献对股利政策强制披露和新股发行资源配置效率之间的关系进行检验。

国外资本市场 IPO 高度的市场化,发行效率主要取决于市场这只"看不见的手"。发行人由于缺乏资本市场发行与定价的信息,委托投行承销股票。投行为了确保发行的成功,并建立起良好的声誉,倾向采取抑价的方式发行。研究发行定价效率的主要基础是信息不对称理论,例如声誉好的投行能够向市场传递风险较低的信号,降低成功发行付出的折价(Balvers 等,1988;Carter 和 Monaster,

1990；Michaely 和 Shaw，1994）。在中国的资本市场，中介机构是否和国外一样起到信号作用没有得到统一的结论，一部分学者的研究支持了"声誉假说"（徐浩萍和罗炜，2007）。徐浩萍和罗炜（2007）发现同时具有高的市场占有率和良好的执业质量的投行能够降低新股发行的折价率。另一部分学者则不支持"声誉假说"（刘煜辉和熊鹏，2005）。例如，刘煜辉和熊鹏（2005）发现中国资本市场存在异常高的 IPO 抑价，认为信息不对称理论不能完全解释这种异常高的抑价率，中国市场"股权分置"和"政府管制"的制度安排才是根本原因。

还有一些发行管制的具体措施会影响折价率（Tian 和 Megginson，2007；周业安，1999）。Tian 和 Megginson（2007）研究了1991—2004 年中国 IPO 市场的折价现象，由于证监会规定股票发行价格等于每股税后利润乘以市盈率，证监会批准的市盈率远远低于同期二级市场上的平均市盈率，导致中国 IPO 市场的折价现象十分严重。此外，申购新股的资金在冻结期间的机会成本也会增加企业的直接融资成本（周业安，1999）。投资者保护机制不完善是中国资本市场一个显著的特点，这一制度环境差异也会导致中国资本市场的折价现象异于成熟资本市场。例如，沈艺峰等（2004）发现当法律制度无法较好保护投资者的权益时，一级市场的投资者会要求较高的溢价。近些年来，随着我国风险投资的逐步发展，风险投资机构的声誉效应逐步体现，即风险投资家会要求较高的折价率为自己建立良好的声誉（陈工孟等，2011）。

总体来说，国内外研究中国资本市场 IPO 折价率的文献大多考察了折价率的影响因素，研究投资者对新股的定价行为是否有效率的文献比较匮乏,尚无文献研究股利政策强制披露和 IPO 折价率之间的关系。

3. 企业现金持有水平和过度投资的研究

20 世纪 90 年代末,西方发达国家的企业开始大量持有现金资产,由于现金资产本身并不带来收益,因此现金持有水平会影响企业的价值,是非常重要的研究问题。学者们主要从两个角度进行了解释:首先是委托代理理论(Jensen,1986;Dittmar 等,2003;Blanchard 等,1994)。Jensen(1986)认为管理层倾向于企业持有较多的现金资产,因为这便于他们进行过度投资。Blanchard 等(1994)发现当现金资产较多时,企业投资低回报项目的可能性增大,类似的研究还有 Harford(1999)。一些跨国研究也支持了这一理论,例如 Dittmar 等(2003)比较了投资者保护水平不同国家的企业现金持有行为的差异,发现投资者保护程度较高国家的企业持有现金资产的倾向较低,说明代理成本能够解释持有高现金资产的行为。企业持有现金资产还可能是出于预防性动机(Myers 和 Majluf,1984;Opler 等,1999;Almeida 等,2004)。Myers 和 Majluf(1984)提出由于企业进行融资时存在交易成本,储备现金资产能够降低融资成本,进而提高收益水平。一系列实证研究都支持了这一理论,Opler 等(1999)发现企业的现金持有量与企业的规模和信用等级负相关。Almeida 等(2004)发现面临融资约束的企业储备的现金更多,这些企业在经济萧条时会储备更多的现金。Custodio 等(2005)指出,当经济衰退的时候,面临融资约束较多的企业倾向持有更多现金,以应对未来的不确定性,支持了持有现金资产的预防性动机。

那么企业持有现金资产的行为是否会影响公司价值呢？Pinkowitz 和 Williamson（2002）发现公司的成长性较好时，市场对企业持有较多现金资产的行为做出了正面的反应。Faulkender 和 Wang（2006）发现现金资产的市场价值和融资约束程度正相关。Ditmar 和 Mahrt-Smith（2007）发现现金的市场价值与公司治理水平正相关，Pinkowitz 等（2006）发现相比投资者保护较差的国家，投资者保护较好的国家企业持有现金资产的市场价值比较高，这一系列研究说明现金持有行为会对公司价值产生影响。

相比西方发达国家，中国上市公司的现金持有水平明显偏高（祝继高和陆正飞，2009；周伟和谢诗蕾，2007），持有现金资产的市场价值低于账面价值（杨兴全和张照南，2008）。企业持有现金水平的差异可以从公司治理水平（辛宇和徐莉萍、2006）、地区制度环境（周伟和谢诗蕾，2007）以及宏观货币政策（祝继高和陆正飞，2009）等角度进行解释。辛宇和徐莉萍（2006）发现上市公司治理机制越好，现金持有水平越合理，出现现金冗余和现金短缺的可能性会降低。周伟和谢诗蕾（2007）发现在中国制度环境较差的地区，企业持有现金水平更高，可能是因为制度环境较差的地区企业面临的融资约束较多。祝继高和陆正飞（2009）研究了货币政策对企业现金持有水平的影响，发现当货币政策趋于从紧时，企业会提高现金持有水平；当货币政策趋于宽松时，企业会降低现金持有水平。杨兴全和孙杰（2007）发现国有股份、董事会规模、股东保护程度与现金持有量负相关，经营者持股与现金持有量正相关。

总体来说，学术界从政府管制角度研究现金持有水平差异的来源的文献还很少,现金股利强制披露政策在世界范围内都是一种制度创新,因而尚无文献对股利政策强制披露和企业现金持有水平之间的关系进行检验。

有效市场假说认为在不存在融资成本的市场上,企业的投资行为完全取决于投资机会(Modigliani 和 Miller,1958)。Tobin(1969)认为 Q 值(后来学者称为 Tobin 的 Q 值)包含了企业未来所有的投资机会,因此企业的投资行为只取决于 Q 值。尽管有效市场假说是现代财务学的基础,但是由于其前提假设过于苛刻,现实中并不存在类似的市场。近年来学者们从理论和实证的角度放宽了有效市场假说的前提。其中最有影响力的理论莫过于信息不对称和代理成本理论,这两种"摩擦成本"显著影响了企业的投资行为。Stein(2003)对此进行了广泛的讨论。例如,债券和股权融资市场上的信息不对称导致融资成本较高,迫使企业会放弃一些投资项目,导致投资不足的现象。从代理成本的角度来说,经理人的道德风险(例如:建立帝国)会导致投资过度的现象。

大量的实证研究支持了这两种"摩擦成本"会影响企业投资行为。一些学者从融资成本的角度出发解释了投资的异象。Myers 和 Majluf(1984)提出因为投资者预料到了管理层进行再融资时总是希望募集更多的资金,所以管理层进行再融资时总是需要折价发行的,折价程度的越高,融资成本越高,企业募集资金投资的收益越低,所以企业有可能会放弃一部分投资项目。Stiglitz 和 Weiss(1981)认为类似的解释也适用于债权市场。一系列的实证研究支持了这两种假说(Fazzari 等,1988;Lang 等,1996)。Lang 等(1996)在不同企业样本组检验了成长机会和资本结构之间的关系,发现成长机会和资本结构在多元化、成长性较低的企业组呈现负向的关系,在成长性较好的企业没有显著的关系,说明债权资本没有限制投资机会较好企业的发展,相反有效抑制了投资机会不好企业的发展。另一部分学者从管理层和股东之间的道德风险角度出发解释了投资的异象(Jensen,1986;Stulz,1990;Zwiebel,1996)。Jensen(1986)指出投资规模越大,管理层能够获得的私有收益(例如:在职消费)越多,因此管理层有动机扩大企业的投资规模,进而提高了非效率投资的可能性。Hart(1995)也认为经理有建造"企业帝国"的强烈动机。大量实证结果支持委托代理理论(Conyon 和 Murphy,2000;Morck 等,1990;Blanchard 等,1994)。Conyon 和 Murphy(2000)发现管理层的收益和企业规模正相关。Morck 等(1990)研究了1975 年至 1987 年之间 326 次兼并收购活动的市场反应,发现对于股权较为分散的企业或者管理层表现较差的企业,市场给予了显著的负向反应,说明兼并收购的行为降低了公司的价值,支持了委托代理理论。Blanchard 等(1994)考察了当企业突然获得大量现金后的投资行为,发现这些企业随后都倾向扩大投资规模,但是大部分投资的收益都很低。Dechow 等(2008)发现企业保留的现金流越多,未来的会计业绩和市场表现越差。Richadson 等(2006)发现企业持有的自由现金流越多,越倾向于过度投资,一些公司治理机制(例如:活跃的投资者)对过度投资有抑制作用。Lamont(1997)考察了油价下跌后石油公司投资行为的变化(现金流减少),发现石油公司停止了大量非核心部门的投资(投资效率较低),说明自由现金流会导致过度的投资。Easterbrook(1984)和 Jensen(1986)提出股利代理成本理论,认为现金股利可以有效地减少公司管理层控制的现金流量,从而降低股东和管理层之间的代理成本(第一类代理问题)。

既然融资约束理论和委托代理理论都能够解释过度投资的现象,那么两者的适用范围和解释能力有多大? Vogt(1994)认为对于规模较大、不倾向分配股利的企业,委托代理理论能够较好地解释投资过度的现象;对于规模较小、不倾向分配股利和固定资产的投资规模较小的公司融资约束理论的解释能力更强。近年来学术界对于发展中国家的关注不断提高,很多学者发现这些国家企业的股权高度的集中(Shelifer 和 Vishny,1997)。高度集中的股权结构带来了内部人控制的问题(第二类委托代理问题),即控股股东通过控制权作出有利于自身利益的决策,从而侵犯了中小股东的权益。

中国是一个社会主义国家,这意味着大部分企业的资产都是国家控制的,作为控股股东的政府以社会价值的最大化为目标(例如:地区发展、财政收支平衡、降低失业率和社会稳定),和微观企业股东利益的最大化有很大的差异。此外,Lin 等(1998)指出国有企业业绩表现差的根源在于所有权(国家)和控制权(政府官员)的分离,政府官员能够控制企业的决策,却没有办法获得对应的收益,降低了他们为股东创造价值的动力。此外,由于受到政府的支持,国有企业能够较为容易地获得信贷资源从而扩大投资规模。进一步,由于国有企业的管理层也是政府官员,他们需要执行政府要求他们投资的项目(尽管有些对应的净收益是负的),同时他们也可能会放弃一些净收益为正的项目。在中国的资本市场上,由于存在大量的国有企业,虽然国有企业通过改制上市,提高了治理水平,但控股股东(各级政府)仍然有动机和能力将其自身的社会性目标(例如:吸收就业和促进经济的发展)内部化到其控制的上市公司中,导致过度的投资。这些制度背景和西方发达资本市场存在巨大的差异,因此为研究投资异象提供了良好的机会(Chen 等,2011)。

自从 Richardson(2006)把过度投资定义为超出企业资本保持和净现值为正值的新投资后的投资支出后,学者们得以相对精确地量化投资异象的程度,进而考察投资异象的影响因素和经济后果(俞红海等,2010;杨华军和胡奕明,2007;张功富和宋献中,2009)。张功福和宋献中(2009)用 Richardson(2006)的模型计算了中国上市公司异常投资的情况,发现 39.12%的上市公司存在过度投资的情况,实际投资平均水平超出其最优投资的 10.02%。杨华军和胡奕明(2007)发现上市公司最大规模的过度投资超过了公司总资产的 44.9%。俞红海等(2010)认为内部人(控股股东或者管理层)可以通过过度投资获得私有收益,侵占中小股东的利益,他们发现股权集中度越高公司越可能进行过度投资,控股股东的控制权与现金流权分离也加剧了这一现象。此外,自由现金流水平对过度投资有正向的影响。对于国有企业来说,由于需要帮助地方政府完成一些政治目标,比如吸收就业、促进经济的发展,也倾向通过过度投资完成这些目标。唐雪松等(2007)、魏明海和柳建华(2007)的研究同样表明支付现金股利能够减少经理人可支配的自由现金流,因此现金分红具有抑制过度投资的作用。

4. 控股股东掏空相关的研究

Grossman 和 Hart(1988)较早地提出了超额控制权收益(掏空)的概念,即控股股东通过控制权转移上市公司的资产,从而侵占中小股东的利益。Johnson 等(2000)列举了一系列控股股东转移资产的例子,例如银行的管理层把钱直接转到自己的海外账户中。Laporta 等(1997)提出掏空方式包括:(1)上市公司高价买进控股股东的资产或者低价卖出资产;(2)让不具有足够能力的家族成员成为董事会成员;(3)向管理层支付过高的薪酬。Bae 等(2002)发现当韩国财阀集团下属的企业被非集团下属企业并购时,市场给予了正面的反应。相比之下,当业绩较好的财阀集团下属企业收购集团其他企业时,市场给予了收购方负面的反应,同时给予了被并购方正面的反应,说明这种兼并行为是一种掏空行为。Cheung 等(2006)认为上市公司和母公司之间的关联交易透明度低,容易损害中小股东的利益。他们利用香港资本市场的数据,发现当上市公司和控股股东之间发生关联交易时,市场作出了负向的反应,支持了这一论断。

后来的学者通过一系列的研究试图量化掏空的规模。例如,Atanasov(2005)用保加利亚资本市场的数据检验了这一问题,发现控股股东的私有收益达到了公司市值的 85%。Dyck 和 Zingales(2004)利用 39 个国家 393 次控制权转让的数据研究了控制权的收益,他们用控股股东转让控制权时每股价格减每股的市场价格衡量控制权收益,研究结果表明控制权收益平均占公司市值的 14%,并且国家的制度环境能够解释控制权收益的大小,类似的研究还有Neova(2003)。

　　因为掏空现象的普遍存在,学者们从掏空的动因和掏空的经济后果两个角度进一步对掏空现象进行了研究。控制权保证了控股股东有能力从上市公司转移资源,关于掏空的动因,许多学者从所有权和控制权分离的角度进行了研究。例如,运用东亚 8 个国家公司的数据,Claessens 等(2002)比较了所有权和控制权分离程度不同公司的价值差异,发现所有权和控制权分离程度越高,公司价值越低。Lins(2003)也发现了类似的结论,说明随着控股股东的所有权和控制权比例分离程度增大,控股股东能够从上市公司获得的收益降低,因此更倾向于从上市公司转移资源。Bertrand 和 Mehta (2002)认为当控股股东同时对多家公司具有控制权时,会倾向把资源从所有权比例较少的公司转移到所有权比例较大的公司,从而最大化自身的利益。Lemmon 和 Lins(2003)比较了亚洲金融危机期间不同控制权结构的公司的价值差异,发现相比其他企业,管理层控股比例较高并且控制权和所有权比例分离程度高的企业价值低 10% 至 20%。

　　还有一些学者从法律体系是否赋予中小股东足够的诉讼控股股东权利的角度,解释了掏空的严重程度。Laporta 等(1997)比较了不同法律体系国家发生掏空行为的概率,发现法律保护体系和公司治理机制的欠缺会导致控股股东转移资源的成本降低,从而增加掏空的概率。Doidge 等(2004)认为如果公司具有良好的投资机会,大股东就会通过放弃掏空上市公司向市场传递信号,从而获得较低的融资成本(例如交叉上市),进而提高公司的价值,否则大股东就会选择通过控制权获得私有收益。他们发现前往美国资本市场(对于

掏空的监管更加严格)上市的外国公司的 Tobin 的 Q 值比没有前往
美国资本市场上市的外国公司高 16.5%,说明法律保护体系不完善
是控制权收益较高的原因之一。

　　关于掏空的经济后果,Laporta 等(2000)认为控制权收益对一
个国家金融市场的发展程度具有很强的解释能力,因为只有投资者
的权益得到法律的充分保障,资本市场才对投资者形成足够的吸引
力。Dyck 和 Zingales(2004)通过比较不同国家资本市场的规模,发
现控制权收益越高的资本市场规模越小。Johnson 等(2000)研究了
1998 年亚洲金融危机对新兴市场的影响,发现投资者保护程度越好
的国家汇率和股市受到的冲击越小。Jiang 等(2010)认为掏空行为
显著地降低了公司的价值,并且增加了上市公司的破产风险。既然
掏空有如此严重的经济后果,如何避免掏空行为就是重要的研究问
题。Laporta 等(1997)认为如果法律体系赋予投资者足够的权力对
管理层的决策进行事后监督(例如:起诉管理层的掏空行为),那么控
股股东的寻求私有收益的动机就会减弱。Johnson 等(2000)认为相
比大陆法系,英美法系的国家投资者起诉管理层需要的证据更少,
因此管理层决策受到的司法监管更多。Dyck 和 Zingales(2004)认
为除了法律之外,社会舆论和媒体的监督也是减少掏空行为的有效
机制。

　　中国资本市场为研究掏空问题提供了良好的机会,因为中国资
本市场的发展历史较短,缺乏对中小股东利益加以保护的法律以及
约束大股东的市场机制,大股东侵占中小股东利益的行为非常普
遍。刘峰等(2004)从"利益输送"的角度讨论了五粮液母公司如何利

用控制权将上市公司的利益通过各种方式向大股东输送。他们归类了五粮液与集团公司之间的现金往来,发现母公司通过向五粮液股份有限公司收取商标和标识使用费、服务费、设备使用费以及和上市公司进行资产置换,获得了超过41亿元的现金,远远超过累计从资本市场募集的现金(18.1亿元)。刘峰等(2007)分析了三利化工掏空通化金马的案例,发现控股股东通过多种资产转移的方式获得了超过8.5亿的现金,说明由于我国资本市场上不存在约束、惩罚掏空者和相关责任人、保护中小投资者的法律制度,我国资本市场上公司控制权转移总是会带来掏空的行为,这种掏空行为严重了危害了公司的价值。吕长江和肖成民(2006)分析了阳光集团的案例,得到了类似的结论。Jiang等(2010)用中国上市公司和控股股东的拆借行为衡量控股股东的私有收益(记录在其他应收款账户),发现其他应收款账户平均占公司总资产的5.4%。因为大股东占用资金而陷入困境的例子很多,例如猴王股份、幸福实业、三九药业、济南轻骑等。Berkman等(2009)用上市公司为母公司提供关联担保衡量控股股东的私有收益,发现在2000年之前,这一现象较为普遍,为母公司提供关联担保的上市公司的业绩显著低于未提供担保的公司。柳建华等(2008)用上市公司支出的和控股股东有关的投资金额衡量控股股东掏空上市公司的程度,发现超过10%的上市公司存在关联投资的情况,关联投资显著降低了企业的业绩。

还有一些学者研究了掏空的其他经济后果,例如佟岩和程小可(2007)比较了不同性质的关联交易对盈余质量的影响,发现控股股东持股比例越低越倾向使用关联交易获取私有收益,这类关联交易显著降低了盈余质量。控股股东持股比例越高倾向使用关联交易获取共同收益,此时掏空类型的关联交易依旧降低了盈余质量。雷光勇和刘慧龙(2007)比较了不同资金占用程度上市公司的盈余管理幅度,发现大股东的资金占用行为减少了公司能够用于改善经营管理的财务资源,因而负向盈余管理行为的倾向更明显,并且这一发现在第一大股东为非经营性股东时更加显著。

Jiang 等(2010)发现控股股东占用上市公司资金的概率和公司规模以及资产负债率正相关,和当期业绩负相关。相比国有企业,民营企业大股东占款的概率更高。在国有企业样本中,地方政府比中央政府更倾向占用上市公司的资金。所有权和控制权分离的程度大小和资金占用的概率负相关。控股股东占款多(少)的上市公司经营业绩更差(好),更(不)容易陷入财务困境(例如:被 ST)。尽管控股股东占款多(少)的上市公司的市场表现较差(好),但是在上市公司公布大股东占款的情况后,控股股东占款多(少)的上市公司的市场表现继续下降,说明投资者并没有充分预测到大股东占款对公司业绩的影响。他们还考察了一系列公司治理变量对掏空行为的影响,发现:尽管机构投资者占资本市场的份额较小,无法影响整体价格,但是仍然能够精明地甄别出控股股东的掏空行为。大股东占款情况严重的公司更容易被审计师出具非标准无保留意见的审计报告,说明审计师及时地向市场传递了中小股东的利益可能被侵占的信号,但是在接下去的一年,控股股东并没有因为不清洁的审计报告归还占用上市公司的资金。李增泉等(2004)比较了不同股权结构的上市公司控股股东占用资金的情况,发现控股股东占用上市公司资金与第一大股东持股比例存在先上升后下降的非线性关系,但与其他股东的持股比例则表现出负相关关系。通过集团企业控制的上市公司占用的资金高于通过不从事具体的经营活动的组织或单位控制的上市公司。相比民营企业,国有企业大股东占款的概率更高。李增泉等(2005)比较了控股股东的动机不同时(支持或者掏空),上市公司收购兼并行为对于长期绩效的影响,发现当公司具有配股或规避亏损动机时的并购活动能够在短期内显著提升公司的会计业绩,而在没有上述动机时并购行为会降低公司价值。叶康涛等(2007)也以大股东占用上市公司资金为研究对象,发现独立董事能够有效抑制大股东的掏空行为。股权分置是我国资本市场设立初期特殊的经济体制和法治环境背景下,一种特殊的股权制度安排,这种制度安排导致公司股价的高低不会影响控股股东控股权的价值,使得控股股东个人的利益诉求与上市公司的整体价值发生了背离,增强了控股股东掏空上市公司的动机。股权分置改革之后,理论上控股股东个人的利益诉求与上市公司的整体价值变得一致,控股股东掏空上市公司的动机应当减弱,廖理和张学勇(2008)的研究支持了这一论断。

5. 盈余管理和会计稳健性相关的研究

国外学者最早从政治成本角度研究了基于政治动机的盈余管理行为(Moyer,1990;Jones,1991;Collins 等 1995 等)。由于中国资本市场存在着一些特别的监管措施,因而为研究政府管制与盈余管理行为提供了西方资本市场没有的研究契机。Chen 和 Yuan (2004)对证监会在配股审核过程中的行为进行了考察,结果发现上市公司会通过盈余管理来达到配股要求。陈小悦等(2000)发现具有配股权的临界公司应计利润总额显著高于非临界公司,意味着上市公司存在利用应计项目进行盈余管理的可能。雷光勇和刘慧龙(2007)研究发现,为避免被 ST、PT 及退市,亏损公司在亏损年度会存在"洗大澡"行为,以为后期扭亏积蓄"能量,类似的研究还有李远鹏和牛建军(2007)。关于股利政策与公司盈余管理行为之间的关系,肖成民(2008)针对我国的"半强制分红"政策分析认为增发对现金股利支付的规定加大了上市公司盈余管理的难度,但该文以理论分析为主。通过梳理文献可知,关于股利政策是否会影响公司的机会主义盈余管理,国内外尚无直接的经验证据。

稳健性是重要的会计原则(Basu,1997;曲晓辉和邱月华,2007)不同的利益相关方对于这一会计属性有不同程度的需求。例如,债权人会要求企业采取稳健的会计政策,因为稳健的会计政策提前暴露亏损公司的经营困境,对于债权人来说,由于和借贷方签署的债务协议中包含有关财务状况的条款,按照债务协议,债权人能够及时获得亏损公司的决策权,从而保证债权人的权益。又如,股东会要求企业采取稳健的会计政策,由于管理者由于拥有信息优势,出于自身利益最大化的角度(例如:完成盈利目标),会倾向披露有利于实现收益的信息,而隐瞒有关未实现损失的信息,因此稳健性原则一定程度上能够抑制管理者这种机会主义行为(Watts,2003 I,Watts,2003 II)。除此之外,政府监管也提出了对稳健性的需求,例如 Watts(1977)认为,高估资产或高估收益的损失比低估资产或低估收益而放弃的利益更能被相关方观察到并且对决策更有用,这一现象解释了为什么监管者和准则制定者要坚持稳健性原则。这也导致导致了美国证券交易委员会（SEC）在其前 30 年对高估资产的禁止。Benston（1969）根据证券法的基本原理，指出会计政策应该是稳健的。他批评了 1929 年纽约股票交易所股票价格的事后高估行为。

Basu（1997）首次用实证模型检验了稳健性的存在，假如市场是有效的，股票回报应当充分反映了企业的财务状况（盈利或者亏损）。因此，他采用反回归模型，以股票回报的正负作为好消息和坏消息的替代变量，检验了会计盈余和股票回报率之间的关系，发现会计盈余对坏消息的反应比对好消息更加迅速，说明美国企业的会计政策是稳健的。近年来，学者试图从不同的维度比较企业稳健性的差异，从而检验会计稳健性是否能够得到经验证据的支持。例如为了检验诉讼风险假说，一些学者考察了时间序列的变化趋势，Givoly 和 Hayn（2000）发现美国资本市场的企业在过去的 40 年中越来越趋向采取稳健的会计政策。Basu（1997）按照诉讼风险的高低将时间序列分为四段，并比较了不同时期美国公司会计政策的特征，发现随着诉讼风险的提高，会计稳健性也在提高，证明了诉讼风险是稳健性的来源之一。

一部分学者检验了稳健性来源的契约假说，Ahmed 等（2002）发现当公司倾向实施高股利政策时，由于股利分配把公司财富更多地转移给股东，减少了偿付债权人固定索取权的资产数量，增加了债权人的风险，导致较为严重的债权人和股东之间的冲突。为了缓解这一矛盾债权人会要求企业采取稳健的会计政策，进一步他们发现稳健会计政策给企业带来了更低的融资成本。Lafond 和 Roy-chowdhury(2008)发现随着企业管理层持股的降低(管理层和股东之间的委托代理问题严重),企业的会计稳健性不断提高,说明股东希望通过稳健的会计政策抑制管理层的机会主义行为。

另一部分学者比较了不同法律体系的国家会计政策特征的差异,例如,Ball 等(2000)利用 Basu(2007)的模型比较了大陆法系国家和成文法系国家会计政策特征的差异,发现相比成文法系国家,大陆法系国家的企业更倾向采取稳健的会计政策。Ball 等(2003)研究了香港、马来西亚、泰国和新加坡四个国家和地区的公司会计信息质量,他们发现虽然这些国家和地区向成熟资本市场借鉴了会计准则,但是由于市场参与者缺少对于高质量会计信息的需求,这些国家和地区的会计信息比成熟资本市场的质量差,说明市场参与者的需求是决定会计信息质量的主要力量。Bushman 和 Piotroski(2006)比较了不同制度环境国家的会计信息稳健性,发现司法制度完善、债券市场发达国家的企业倾向采取更加稳健的会计政策。此外,司法制度完善并且股权分散的国家企业的会计稳健性较高,相比之下,如果没有完善的司法制度,契约的存在并不会对会计稳健性产生需求。

李增泉和卢文彬(2003)用 Basu(1997)的模型检验了中国资本市场的数据,发现会计盈余在总体上是稳健的;孙铮、刘凤委和汪辉(2005)发现债务比重高的企业更倾向采用稳健的会计政策。但是由于市场环境的差异,Watts(2003 I,2003 II)提出的稳健性需求的解释在中国的适用性值得商榷:(1)从股东对管理层监管需求的角度来说,我国资本市场的上市公司存在"一股独大"的情况,大股东可以直接通过更换管理层解决委托代理问题,不需要通过稳健的会计政策对管理层进行监督,降低了对会计稳健性的需求。曹宇等(2005)发现大股东对上市公司的控制权越强,公司会计盈余的稳健性就越差,说明中国资本市场"一股独大"可能是导致中国上市公司会计政策不稳健的原因。(2)我国资本市场的上市公司的借贷行为市场化程度很低,政府对于信贷资源的控制降低了债权人对于稳健的会计政策的需求(Chen 等,2010);(3)由于中国的法律体系不完善,上市公司受到的诉讼风险很小,由此产生的会计稳健性需求也很小;(4)由于中国的所得税会计和财务会计分离,因此处于税收筹划动机的稳健性需求也不存在。中国是一个政府主导的转型国家,企业行为往往是为了迎合政府的监管。李远鹏和李若山(2005)发现我国上市公司是否选择稳健的会计政策取决于经营业绩,这种状态的根源在于迎合证监会的一些监管政策,例如证监会 2001 年颁布的《亏损上市公司暂停上市和终止上市实施办法(修订)》中要求三年连续亏损就要暂停上市,如果其后的半个年度仍不能扭亏就要终止上市,上市公司报告盈余表现出来的稳健性是亏损公司为了规避退市监管的"洗大澡"行为造成的,并不是真正意义上的稳健性。

根据以上分析,由于市场参与者缺少对稳健会计信息的需求,中国企业的会计政策缺乏稳健性,使得国内学者的研究集中于如何提高会计稳健性。一些学者对会计制改革的效果进行了实证检验,例如赵春光(2004)发现中国会计盈余的稳健性在 1999、2000 和 2001 年有所提高,这种提高主要来自于现金流量的贡献。还有一些学者比较了不同稳健性公司的特征,例如朱茶芬和李志文(2008)从公司治理的角度研究了中国上市公司的会计稳健性。他们发现国有控股上市公司的会计稳健性更低,进一步,他们发现国有控股上市公司缺乏会计稳健性是因为内部人控制、债务软约束以及政府干预导致的。因此要想从根本上改善国有公司的信息质量,需要进行股权多元化、深入银行体制改革以及约束地方政府干预行为等制度改革。从股利政策角度,国内学者郝东洋和张天西(2011)将股利分配水平作为股东与债权人冲突的代理变量,研究表明高分配水平会引发债权人与股东更大的利益冲突,进而提高公司的会计稳健性。

第三节　理论分析与研究假设

为了考察现金股利承诺制度对资源配置效率的影响,和 Chen 和 Yuan(2004)类似,如图 3-1 所示,本书首先考察了现金股利承诺是否影响证监会和投资者对于公司价值的判断,然后进一步考察现

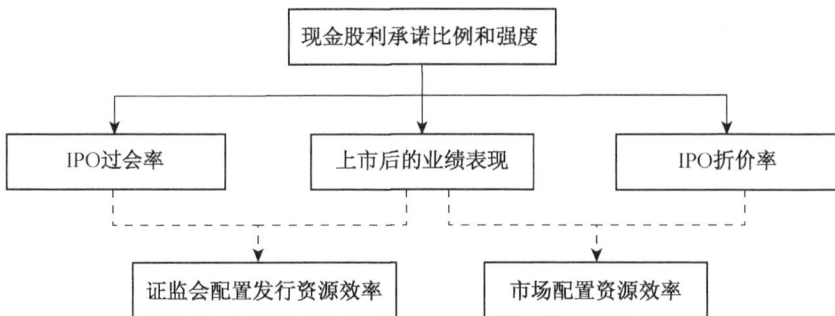

图 3-1　本章研究逻辑框架图

金股利承诺对公司价值的影响,把 IPO 之后的业绩作为事后证据,反过来检验和评价 IPO 过程中政府和市场的资源配置效率孰优孰劣。

1. 现金股利承诺与 IPO 审核

股票发行核准制下,企业能否成功上市取决于企业自身素质、保荐人和承销商等中介机构作用以及证监会发行审核委员会对企业价值的评估(李敏才和刘峰,2012)。现金分红承诺制度实施以后,拟上市公司都在招股说明书申报稿中明确地承诺了上市后现金分红的比例和条件。那么监管机构在审核 IPO 过程中是否会考虑现金股利承诺的比例和条件呢? 作为转型经济国家,中国通过对股票发行的管制来实现保护投资者权益的目标。照这样的逻辑,为了提高资本市场的现金分红水平,证监会会倾向于把上市资源分配给更加"慷慨"的公司。同时为了降低上市公司获得上市资格后"赖账"的风险,证监会可能会特别关注分红的附加条件。因为相比分红承诺附加条件的公司("软约束"),分红承诺不附加条件的公司("硬约束")将来"赖账"承受的法律风险更大,更加难以为"赖账"找借口,本书提出如下假设:

假设 1.1:相比承诺分红比例低的公司,承诺分红比例高的公司成功上市的可能性更大。

假设 1.2:对于承诺相同分红比例的公司,承诺时不附加条件(硬约束)的公司成功上市的可能性更大。

2. 现金股利承诺与 IPO 抑价

中国资本市场的公众投资者非常重视能够预测公司未来盈利

能力的信息,希望管理层做出更多未来收益潜力的预测(陆正飞和刘桂进,2002),那么现金股利承诺作为一种管理层披露的信息,投资者会如何看待呢? 一方面,从管理层代理成本角度来看,上市公司对于现金股利的承诺约束了上市公司的资金使用,能够遏制管理层的自利行为(如过度投资行为);另一方面,从信号传递角度来看,上市公司对于现金股利的承诺反映了管理层对公司的信心,能够向投资者传递公司运营情况和现金流方面的信号。基于以上分析,投资者应该更加愿意投资现金分红承诺比例高和不附加条件("硬约束")的公司,从而降低这类公司的发行成本,本书提出如下假设:

假设 2.1:相比承诺分红比例低的公司,承诺分红比例高的公司的 IPO 抑价程度更低。

假设 2.2:对于承诺相同分红比例的公司,承诺时不附加条件(硬约束)的公司的 IPO 抑价程度更低。

3. 现金股利承诺与公司价值分析

现金股利承诺制度提高了分红决策的透明度,一定程度上改善了公司治理水平,公司治理水平的提升对公司的业绩表现有促进作用(王跃堂等,2006)。现金股利承诺还可能通过如下一些路径影响公司业绩表现:一方面,邓建平等(2007)发现现金股利和直接资金占用之间有很强的替补关系,说明现金股利能够限制内部人的自利行为。上市公司作出现金股利承诺后,内部人的侵占行为受到法律和市场诚信机制的双重约束,"掏空"的动机会减弱,上市公司的资金使用效率会提高;另一方面,现金股利承诺能够约束管理层的过度投资等自利行为,提高上市公司的投资效率,进而提高上市公司的业

绩。基于以上分析,现金分红承诺比例高和"硬约束"的公司应该更具备投资价值,本书提出如下假设:

假设 3.1:相比承诺分红比例低的公司,承诺分红比例高的公司上市后的业绩表现更好。

假设 3.2:对于承诺相同分红比例的公司,承诺时不附加条件(硬约束)的公司上市后的业绩表现更好。

第四节　研　究　设　计

1. 样本选择

2011 年 11 月 9 日,证监会有关负责人在解答四大市场热点问题时要求"从首次公开发行股票开始,在公司招股说明书中细化回报规则、分红政策和分红计划,并作为重大事项加以提示。"因此,本书手工搜集了 2011 年 11 月 9 日之后 291 次上会记录,对于其中 3 家有重复记录的公司(第一次被证监会宣布暂缓后又重新上会),本书只保留后一次上会的观测样本。

本书还剔除了:(1)2 个被证监会宣布暂缓上会后至今没有重新上会的公司样本;(2)1 家金融企业。① 金融类上市公司由于财务状况、资产结构与其他企业存在系统差异,因而将金融类上市公司剔除;(3)1 家没有披露未来分红计划(没有分红比例和前提条

---

① 新华人寿保险股份有限公司。

件)的样本公司;①(4)在此基础上,本书还剔除了 33 次申请在主板上市的记录(仅占样本总量的 11%)。首先在主板 IPO 的企业多数是大型央企及境外上市企业回归 A 股,噪音较多(李敏才和刘峰,2012),其次主板和其他两板(中小板和创业板)是为不同类型企业提供融资的平台,②过会率和现金分红承诺之间的敏感性不同;(5)控制变量指标缺失的 5 家样本公司。最后得到 246 家样本公司,其中 110 家(44.72%)公司准备在中小板上市,136 家(55.28%)公司准备在创业板上市,研究需要的财务数据均来自国泰安数据库(CSMAR)。

2. 模型和变量定义

模型 1:

$$Y = \beta_0 + \beta_1 \mathrm{Com\_Rat} + \sum \beta_i \mathrm{Controls} + \varepsilon$$

模型 2:

$$Y = \beta_0 + \beta_1 \mathrm{Com\_Typ} + \sum \beta_i \mathrm{Controls} + \varepsilon$$

检验假设一时,Y 定义为 Approve,如果公司成功过会(上市申请被批准通过),则定义 Approve 为 1,否则为 0。样本中有 6 家公司被证监会取消上会资格,本书定义其对应的 Approve 值为 0。不同行业上市公司的成长性和现金流存在较大差异,作出的分红承诺也

---

① 山东共达电声股份有限公司。

② 中小企业板块和创业板块设立的宗旨,是为主业突出、具有成长性和科技含量的中小企业提供直接融资平台。根据《深交所多层次资本市场上市公司 2010 年报实证分析报告》的统计结果,在中小板 576 家公司、创业板 209 家公司中,2008 年重新认证"高新技术企业"数量分别为 412 和 168 家,占比为 71.53%和 80.38%。

存在系统性的差异,本书在设置解释变量分红承诺比例(Com_Rat)时用行业水平对原始比例进行了调整。如果样本公司发放现金股利承诺的最低比例高于或等于同板块(中小板或者创业板)同行业公司的中位数,则定义 Com_Rat 为 1,否则为 0。[①] 除了承诺发放现金股利的最低比例,有些公司还设置了现金分红的附加条件,[②]本书定义 Com_Typ 为公司现金股利承诺强度哑变量,如果公司的现金分红承诺是不附加条件的(硬约束),则 Com_Typ 为 1,否则为 0。Com_Typ 衡量了公司未来违约的法律风险,相对于现金分红"软约束"的公司,现金分红"硬约束"的公司将来违约(不分红或者分红比例低于承诺分红比例)将承受的法律风险更大,因为他们难以为违约行为找借口。

根据假设 1.1,相比承诺分红比例低的公司,分红承诺高的公司成功上市的概率更大,模型 1 中 Com_Rat 的系数应为正且显著。根据假设 1.2,证监会能够"看穿"不同附加条件的公司履行分红承诺可能性的差异,对相同承诺分红比例的公司,更倾向让承诺时不附加条件(硬约束)的公司获得上市资格,那么无论对于承诺分红比例高的样本组(Com_Rat=1)还是承诺分红比例低的样本组(Com_Rat=0),模型 2 中 Com_Typ 的系数都应为正且显著。

---

　　① 　本书对承诺比例采取哑变量而不是连续变量的原因和徐浩萍和罗炜(2007)类似:证监会和市场对承诺分红比例的反应可能是建立在某些"门槛值"的基础上,而非连续的。例如承诺分红比例为 10%和 15%的公司在证监会和投资者看来可能没有什么差别,但他们可能更加关注分红承诺比例是否超过同行业的平均水平。

　　② 　例如江苏吴通通讯股份有限公司承诺:公司盈利年度在满足正常生产经营和重大投资的资金需求情况下,公司应当采取现金方式分配股利,以现金方式分配的利润不少于当年实现的可供分配利润的 20%。

$\sum \beta_i$Controls 表示控制变量,首先根据《首次公开发行股票并上市管理办法》(以下简称《办法》)中对上市条件的规定,控制了:企业的盈利水平(Ni_Pre3),定义为上市前三年净利润总和的自然对数,[①]公司的盈利水平越高,公司的投资价值越高,过会的概率越大;公司的负债水平(Lev_Pre1),定义为上市前一年的资产负债率,公司的负债水平越高,代表发行人承担的风险越高,过会的概率越低;公司的成长性(Sales_G_Pre3),定义为公司上市前三年销售收入增长率的平均数,由于中小板和创业板主要是处于成长期的企业的融资平台,成长性越好,过会的概率越高;公司的性质(STATE),国有企业定义为 1,否则为 0,相比民营企业,国有企业更有可能获得地方政府的支持从而获得上市融资的资格;[②]规模较大的承销商(U_Big10)和会计师事务所能够在一定程度上传递企业质量较好的信号,从而提高企业的过会率。借鉴李敏才和刘峰(2012),如果公司聘请的是前十大券商则定义为 1,否则为 0,承销商的规模根据 Wind 数据库中的"主承销商承销收入排名(来自发行统计)"确定。如果公司聘请的是四大会计师事务所则定义 Big_4 为 1,否则为 0。

检验假设二时,Y 定义为上市首日个股回报率(Ret_F)。Ret_F越大,表明公司在 IPO 时一级市场外部投资者要求的折扣较多,信

---

① 《办法》第三十三条规定发行人应当符合:最近 3 个会计年度净利润均为正数且累计超过人民币 3 000 万元,净利润以扣除非经常性损益前后较低者为计算依据。在稳健性检验中,本书用扣除非经常性损益之后净利润总和的自然对数衡量盈利能力,结果不变。

② 《办法》(2006)第四十九条规定:"中国证监会在初审过程中,将征求发行人注册地省级人民政府是否同意发行人发行股票的意见。"

息不对称情况更严重(张学勇和廖理,2011)。根据假设 2.1,相比承诺分红比例低的公司,承诺高分红的公司投资者和公司之间的信息不对称程度低,一级市场的外部投资者要求的折扣较少,模型 1 中 Com_Rat 的系数应为负且显著。根据假设 2.2,投资者更加相信作出分红承诺时不附加条件的公司,那么无论对于承诺分红比例高的样本组还是承诺分红比例低的样本组,模型 2 中 Com_Typ 的系数都应为负且显著。

$\Sigma \beta_i$Controls 表示控制变量,其中包括:上市前三年经营活动产生的净现金流量之和的自然对数(Cash_Sum)。企业创造现金流的能力越强,盈利质量和投资价值越高,发行人越不需要折价销售股票以吸引投资者,降低了 IPO 折价率,预期 Cash_Sum 的符号应为负且显著;发行数量(Lnum),之前研究显示发行规模和 IPO 折价之间具有显著的负相关关系(徐浩萍和罗炜,2007;Cater 和 Manaster,1990),发行数量定义为发行股份数量的自然对数,预期 Lnum 的符号应为负且显著;承销商的声誉(U_Big10)。承销商的声誉能够降低投资者和发行公司之间的信息不对称,从而降低 IPO 折价率,国外相当多的文献为之提供了证据(Balvers 等,1988;Carter 和 Monaster,1990;Michaely 和 Shaw,1994),但是国内学者发现这种影响并不如预期的那么明显(徐浩萍和罗炜,2007)。风险因素方面,Cater 和 Manaster(1990)认为发行人的风险越大,IPO 发行的折价率越大,但是徐浩萍和罗炜(2007)的研究没有发现折价率和风险因素之间存在显著的负向关系,本书用企业成立的年限(List_Y)和资本结构(Lev_Pre1)衡量了发行人的风险因素。和 Chan 等(2004)类似,本书还控制了从招股开始日到上市日之间的市场收益(Mktret)和新股发行的价格(Issue_P)。

检验假设三时,和王跃堂等(2006)类似,本书用经过行业中位数调整后的总资产收益率(ROA)衡量公司业绩(Y)。[①] Com_Rat 和 Com_Typ 为解释变量,定义同上文,根据假设 3.1,相比承诺分红比例低的公司,承诺高分红的公司的未来的经营状况更好,公司上市之后的业绩更好,模型 1 中 Com_Rat 的系数应为正且显著。根据假设 3.2,那么无论对于承诺分红比例高的样本组还是承诺分红比例低的样本组,不附加条件的公司上市之后的业绩更好,那么模型 2 中 Com_Typ 的系数应为正且显著。

本书还控制了一系列被证明会影响公司绩效的因素。公司规模(Size),之前的研究表明公司的规模对业绩有显著的促进作用(吴淑琨,2002;王跃堂等,2006),因此本书预期 Size 的符号应为正并且显著;资产负债率(Lev),孙永祥(2001)认为债权融资会影响控制权争夺或者收购兼并等行为,从而增大代理成本,降低业绩,现有的证据大多支持了这一结论(于东智,2001;王跃堂等,2006),因此预期 Lev 的符号应为负并且显著。董事会的独立性(Ind_Rat),王跃堂等(2006)发现董事会的独立性有利于公司业绩的提升,因此本书控制了董事会中独立董事的比例(Inde_Rat),预测 Inde_Rat 的符号应为正且显著;股权结构因素,吴淑琨(2002)发现总资产收益率和股权集中度之间呈倒 U 型关系,王跃堂等(2006)也发现股权集中度对公司的绩效

---

① 王跃堂等(2006)认为总资产收益率(ROA)比净资产收益率(ROE)更能反映公司的真实业绩,因为净资产收益率(ROE)经常被监管层用作评价业绩的指标,容易受到管理层的操纵,比如为避免亏损而出现的微利公司以及为符合证监会再融资的业绩要求而产生的达线公司。

有显著的正面影响,因此本书还控制了股权结构因素(Herfin5),Herfin5 定义为公司前 5 位大股东持股比例的平方和。魏刚等(2007)发现国有股比例和企业的绩效负相关,因此本书控制了国有股权(包含国家股和国有法人股)所占的比例(State_Perct)的影响,本书预测 State_Perct 的符号应为负且显著。此外,本书还用市值账面比(MB)控制了公司的成长性对业绩的影响。

第五节 实证结果分析

1. 描述性统计

表 3-1 列示了检验各个假设涉及的有关变量的描述性统计结果。由表 3-1 Panel A 可知,246 个上会样本中,过会率为 77%,Com_Typ 的均值为 0.60,说明大部分公司作出的现金股利承诺都是无条件的。控制变量之中,Ni_Pre3、Lev_Pre1、Sales_G_Pre3 的最大值与最小值之差都较大,表明不同的拟上市企业在盈利能力、负债水平和成长性等方面均存在较大差异。由表 3-1 Panel B 可知,已经上市的 92 家公司,折价率的均值为 18%,相比 1995 年至 2003 年 129% 的平均折价率(刘煜辉和熊鹏,2005)已经大幅降低,说明随着资本市场的发展,企业的融资成本降低了。根据 Panel C,ROA、MB、Ind_Rat、Herfin5 和 State_Perct 的最大值与最小值之差都较大,表明企业上市之后的盈利能力、成长性、董事会构成和股权结构等方面存在较大差异。

表 3-1　描述性统计

样本	N	均值	最小值	最大值	标准差
Panel A:IPO 过会率					
Approve	246	0.77	0.00	1.00	0.42
Com_Rat	246	0.64	0.00	1.00	0.48
Com_Typ	246	0.60	0.00	1.00	0.49
Ni_Pre3	246	18.71	17.45	21.09	0.61
Lev_Pre 1	246	0.42	0.05	0.82	0.16
Sales_G_Pre3	246	0.74	−0.02	73.17	4.65
STATE	246	0.05	0.00	1.00	0.22
Big_4	246	0.02	0.00	1.00	0.15
U_Big10	246	0.58	0.00	1.00	0.50
Panel B:IPO 折价率					
Ret_F	92	0.18	−0.17	0.94	0.24
Issue_P	92	20.08	7.30	66.00	9.14
Cash_Sum	92	2.91	2.71	3.02	0.05
Mktret	92	−0.01	−0.11	0.08	0.04
Lnum	92	17.07	16.12	18.20	0.48
List_Y	92	13.26	6.00	46.00	5.32
Panel C:上市后的业绩表现					
ROA	92	0.04	−0.03	0.11	0.02
Size	92	20.69	19.58	22.23	0.50
Lev	92	0.19	0.03	0.61	0.12
MB	92	1.20	0.40	1.94	0.34
Ind_Rat	92	0.37	0.25	0.56	0.05
Herfin5	92	0.18	0.04	0.67	0.11
State_Perct	92	0.05	0.00	0.84	0.15

　　本书还进一步按分红承诺比例以及承诺强度对证监会和市场配置资源的影响及企业上市后的业绩表现进行了描述,并予以分组检验。图 3-2 显示不同承诺类型的企业过会率存在明显差异,承诺分红比例高并且不附加条件的公司过会概率最高,承诺分红比例低并且附加条件的公司过会的概率最低。图 3-2 附属的分组检验结果

显示,承诺分红比例高的公司的过会率为 79%,高于承诺分红比例低的公司的过会率(73%),且差异显著(在 10% 水平上统计显著)。不管在承诺分红比例高还是低的公司组中,"硬约束"的公司过会率均高于"软约束"的公司,但是差异不显著,说明证监会只对企业作出的分红承诺比例做出了反应,而没有对分红承诺的强度做出反应。

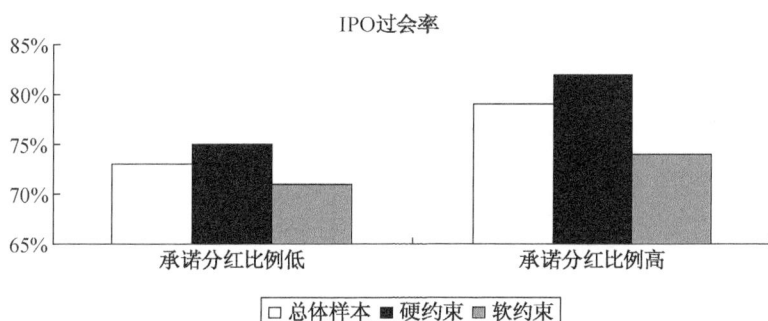

	不区分约束条件	区分约束条件		
		硬约束	软约束	两类企业的差异
承诺分红比例低于同板块同行业的中位数的企业	73%	75%	71%	4%
承诺分红比例高于同板块同行业的中位数的企业	79%	82%	74%	8%
两类企业的差异	−6%*	−7%	−3%	

***、**、* 表示在 1%、5%、10% 的水平上显著。

图 3-2　不同承诺类型的企业过会率的差异

图 3-3 显示不同承诺类型的企业的折价率存在明显差异,承诺分红比例高并且不附加条件的公司折价率最低,承诺分红比例低并且附加条件的公司折价率最高。由图 3-3 附属的分组检验结果也显示,承

诺分红比例高的公司的折价率为0.15，低于承诺分红比例低的公司的折价率0.24，且差异显著（在10％水平上统计显著）。在承诺分红比例高的公司中，"硬约束"的公司折价率低于"软约束"的公司，并在10％水平上统计显著，说明市场不仅对企业作出的分红承诺比例做出了反应，而且对于分红比例高的公司，还会关注分红承诺的约束条件。

IPO折价率

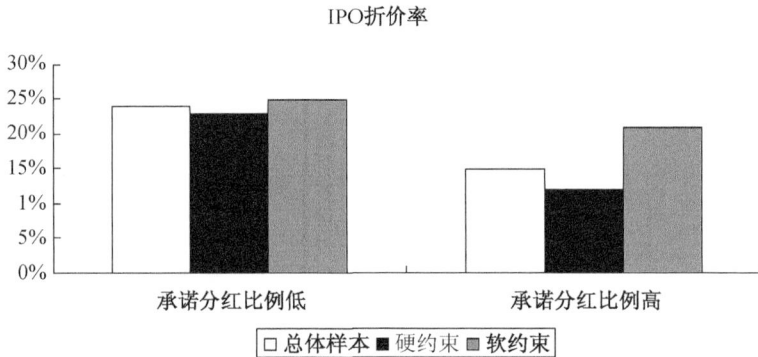

	不区分约束条件	约束条件		
		硬约束	软约束	两类企业的差异
承诺分红比例低于同板块同行业的中位数的企业	24％	23％	25％	−2％
承诺分红比例高于同板块同行业的中位数的企业	15％	12％	21％	−9％*
两类企业的差异	9％*	11％**	4％	

***、**、* 表示在1％、5％、10％的水平上显著。

图 3-3　不同承诺类型的企业折价率的差异

图 3-4 显示不同承诺类型的企业上市后的会计业绩也存在差异，承诺分红比例高并且不附加条件的公司上市后的表现最好，符合本书的预期。附属的分组检验显示，承诺分红比例高的公司 IPO

后经过行业调整的总资产收益率为 3.83%,高于承诺分红比例低的公司(2.71%),且差异显著(在 5%水平上统计显著),这说明承诺分红比例高低能够传递将来业绩好坏的信号。进一步,在承诺分红比例高的公司中,"硬约束"的公司上市后的会计业绩优于"软约束"的公司,在 10%水平上统计显著,而在承诺分红比例低的公司中,"硬约束"的公司与"软约束"的公司上市后的业绩并无显著差异,这说明分红承诺是否附加约束条件只在分红比例高的公司组中才具有传递业绩好坏的信号功能。

IPO后的公司业绩

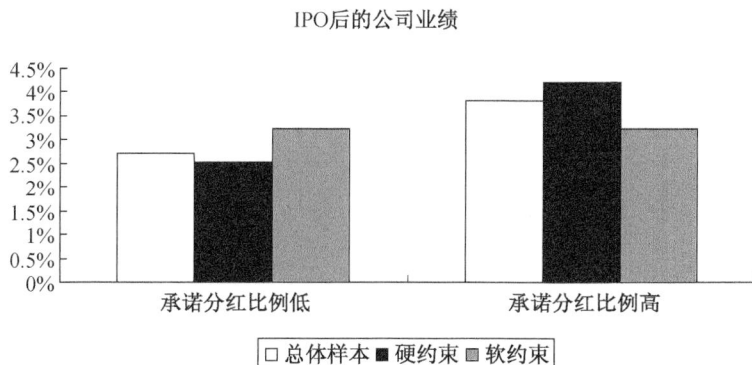

	不区分约束条件	区分约束条件		
		硬约束	软约束	两类企业的差异
承诺分红比例低于同板块同行业的中位数的企业	2.71%	2.53%	3.23%	−0.7%
承诺分红比例高于同板块同行业的中位数的企业	3.83%	4.19%	3.22%	0.97%*
两类企业的差异	−1.12%**	−1.66**	0.01%	

*** 、** 、*表示在1%、5%、10%的水平上显著。

图 3-4　不同承诺类型的企业 IPO 后公司业绩的差异

2. 企业现金股利承诺和过会率的关系

表 3-2 为企业现金股利承诺与过会率关系的回归结果,模型(1)在控制企业的盈利水平(Ni_Pre3)、负债情况(Lev_Pre1)、成长性(Sales_G_Pre3)和企业性质(STATE)等变量的基础上加入了承诺分红的比例(Com_Rat),用于检验假设 1.1。模型(2)用 Com_Typ 代替了 Com_Rat 用于检验假设 1.2。

观察表 3-2 的回归结果可知,在模型(1)中,承诺分红的比例(Com_Rat)的系数为正(0.465),且在 10% 水平下显著,这与假设 1.1 的预期一致,这表明证监会倾向把 IPO 资源配置给更愿意回报股东的发行人。观察模型(2)的回归结果可知:承诺分红的强度(Com_Typ)在承诺分红比例高(低)的公司组均为正,但均不显著,说明证监会无论对于分红承诺高还是低的企业,都没有考虑企业承诺分红附加的条件,一定程度上说明证监会审核的效率不高。

表 3-2 企业现金股利承诺和过会率的关系

变量	预测符号	模型(1)	模型(2)	
			分红承诺比例高的公司	分红承诺比例低的公司
Com_Rat	+	0.47		
		(1.45) *		
Com_Typ	+		0.34	0.35
			(0.79)	(0.67)
Ni_Pre3	+	0.21	0.35	−0.36
		(0.76)	(0.91)	(−0.83)
Lev_Pre1	−	−1.13	−0.21	−2.88
		(−1.13)	(−0.16)	(−1.74) **
Sales_G_Pre3	+	−0.07	−0.06	0.30

（续　表）

变量	预测符号	模型（1）	模型（2）	
			分红承诺比例高的公司	分红承诺比例低的公司
		（−0.78）	（−0.72）	（0.37）
STATE	+	1.68		1.52
		（1.49）*		（1.29）*
Big_4	+	−1.72	−1.39	
		（−1.88）*	（−1.34）	
U_Big10	+	−0.12	−0.21	−0.15
		（−0.38）	（−0.50）	（−0.29）
Pseudo R²		0.04	0.04	0.05
样本量		246	157	89

注：　括号内的值为相应的 Z 值；＊＊＊、＊＊、＊表示分别在 1%、5%、10% 的水平上显著,有预测符号的为单尾检验,否则为双尾检验。

3. 企业现金股利承诺和 IPO 折价率的关系

表 3-3 为企业现金股利承诺与 IPO 折价率关系的回归结果,模型（1）主要观察承诺分红的比例（Com_Rat）,用于检验假设 2.1。模型（2）用 Com_Typ 代替了 Com_Rat,用于检验假设 2.2。

观察表 3-3 中模型（1）的回归结果可知,承诺分红的比例（Com_Rat）的系数为负（−0.121）,而且在 5% 水平下显著,表明投资者特别青睐承诺分红比例高的公司,支持了假设 2.1。观察表 3-3 中模型（2）的回归结果可知,现金股利承诺强度哑变量（Com_Typ）的系数在分红承诺比例高的公司组为负（−0.0808）,而且在 10% 水平上统计显著,说明投资者认为承诺高分红比例的公司是好公司,但对于其分红承诺是否带有"水分"也特别关注,所以"硬约束"和"软约束"的公司折价率有显著差异。但是 Com_Typ 的系数在分红承诺比例低的公司组不显著。这表明市场只有对承诺分红比例高的好公司才会去关注其分红是否带有水分,而对承诺分红比例低的差公司不会再去关心分红的真实性。

表 3-3 企业现金股利承诺和 IPO 折价率的关系

变量	预测符号	模型(1)	模型(2)	
			分红承诺比例高的公司	分红承诺比例低的公司
Com_Rat	—	−0.12		
		(−2.20)**		
Com_Typ	—		−0.08	−0.05
			(−1.38)*	(−0.38)
Issue_P	?	0.00	0.00	0.00
		(−1.00)	(−0.78)	(−0.02)
Cash_Sum	—	−0.45	0.52	−2.75
		(−0.87)	(0.93)	(−1.73)*
Mktret	?	1.74	1.82	1.79
		(2.73)***	(2.79)***	(1.05)
U_Big10	?	−0.02	−0.07	0.12
		(−0.44)	(−1.49)	(0.76)
Lnum	—	−0.08	−0.09	0.17
		(−1.27)	(−1.52)*	(0.63)
List_Y	?	0.00	−0.01	0.01
		(−0.05)	(−0.87)	(0.80)
Lev_Pre1	?	−0.06	−0.14	−0.11
		(−0.37)	(−0.74)	(−0.31)
Adj-R^2		0.08	0.11	−0.03
样本量		92	65	27

注: 括号内的值为相应的 t 值;***、**、*表示在 1%、5%、10%的水平上显著,有预测符号的为单尾检验,否则为双尾检验。

4. 企业现金股利承诺和公司价值的关系

表 3-4 为企业现金股利承诺与公司价值关系的回归结果。同样,观察表 3-4 中模型(1)的回归结果可知,承诺分红的比例(Com_Rat)的系数为正(0.008 19),而且在 5% 水平下显著,表明承诺分红比例高的公司上市后会计业绩更好,支持了假设 3.1。观察表 3-4 中模型(2)的回归结果可知,现金股利承诺强度哑变量(Com_Typ)的系数在分红承诺比例高的公司组为正(0.011 0),而且在 5% 水平上统计显著,但是 Com_Typ 的系数在分红承诺比例低的公司组不显著,表明现金股利承诺强度对公司业绩的甄别作用仅存在于分红承诺比例高的公司组。这说明只有分红承诺比例高的公司,其承诺约束条件对将来的业绩才有信号作用,这与折价率的检验结果吻合,充分说明市场是非常精明的。

表 3-4 企业现金股利承诺和公司价值的关系

变量	预测符号	模型 1	模型(2)	
			分红承诺比例高的公司	分红承诺比例低的公司
Com_Rat	+	0.01		
		(1.84)**		
Com_Typ	+		0.01	−0.01
			(2.00)**	(−0.86)
Size	+	0.02	0.02	0.01
		(3.15)***	(2.80)***	(0.57)
Lev	−	−0.10	−0.11	−0.07
		(−5.39)***	(−4.39)***	(−2.51)**
MB	?	0.01	0.02	0.00
		(1.09)	(1.80)*	(−0.06)

（续　表）

变量	预测符号	模型 1	模型（2）	
			分红承诺比例高的公司	分红承诺比例低的公司
Inde_Rat	＋	0.02	0.09	−0.05
		(0.46)	(1.55)*	(−0.87)
Herfin5	?	0.04	0.01	0.10
		(1.98)*	(0.21)	(2.98)***
State_Perct	−	−0.01	0.01	−0.02
		(−0.66)	(0.39)	(−0.92)
Adj-R^2		0.36	0.36	0.41
样本量		92	65	27

注：　括号内的值为相应的 t 值；***、**、*表示在 1％、5％、10％的水平上显著，有预测符号的为单尾检验，否则为双尾检验。

5. 稳健性检验

为检验上述结论的稳健性，本书还进行了如下稳健性测试：

（1）考虑到模型中可能存在多重共线性问题，本书对模型的方差膨胀因子（VIF）进行了观察，发现所有自变量的方差膨胀因子均小于 1.79，表明模型中并不存在严重的多重共线性问题。

（2）变量替换：①本书分别使用上市前三年销售收入总和的自然对数以及扣除非经常性损益后净利润总和的自然对数替换净利润总和的自然对数（Ni_Pre3）来衡量企业的盈利水平；使用上市前三年总资产增长率的平均数代替前三年销售收入增长率的平均数（Sales_G_Pre3）衡量公司的成长性；使用上市前三年负债率的平均值（Lev_Pre3）代替上市前一年的负债率（Lev_Pre1）衡量风险水平，重新对表 3-2 对应的模型（1）和模型（2）进行了回归分析，发现与上文结论一致；②使用上市前三年负债率的平均值（Lev_Pre3）代替上市前一年的负债率(Lev_Pre1)衡量风险水平重新对表 3-3 对应的模型(1)和模型(2)进行了回归分析,发现与上文结论一致;(3)本书分别使用息税前利润与总资产之比(CROA1)和息前税后利润与总资产之比(CROA2)替换 ROA 衡量公司业绩,重新对表 3-4 对应的模型(1)和模型(2)进行了回归分析,发现与上文结论一致(考虑篇幅不再列示结果)。

第六节　本 章 小 结

现金股利承诺制度是我国资本市场 IPO 推出的一项制度创新,本书从现金股利承诺类型对过会率、折价率的影响来考察政府和市场资源配置的行为,并结合新股上市后的业绩表现,来比较和验证"政府之手"和"市场之手"的资源配置效率孰优孰劣。研究发现:

(1)承诺高分红比例的公司更容易被证监会批准上市,但是无论对于承诺分红比例高或者低的公司组,证监会都没有考虑现金股利承诺是否附加了条件。

(2)承诺高分红比例的公司 IPO 的折价率更低,表明投资者更愿意投资承诺分红比例高的公司。在承诺分红比例高的公司组,相比承诺"软约束"的公司,"硬约束"公司 IPO 的折价率更低,说明投资者在关注承诺高分红比例的公司的同时,还关注其分红承诺是否"货真价实"。

(3)承诺高分红比例的公司 IPO 后的业绩更好,并且在承诺分红比例高的公司组,分红承诺不附加条件的公司 IPO 后业绩更好,而在承诺分红比例低的公司组,分红承诺是否附加条件对公司 IPO 后的业绩并没有预测信号作用。

综上所述,新股发行中的现金股利承诺影响资本市场的资源配置行为,结合不同承诺类型公司上市后的业绩表现,发现市场对于发行人做出的现金股利承诺反应是有效率的,而证监会做出的判断则缺乏效率。因此,进一步提高发行人的信息披露水平,推进股票发行注册制改革,将资源配置的权力由政府交给市场,有利于提高资源的配置效率。

第四章
现金股利分配、盈余质量与产权性质

第一节 引 言

　　基于中国上市公司分红意愿不强以及分红水平较低的现实背景,中国证监会从2001年起将上市公司再融资资格与股利分配水平相挂钩,不满足股利分配要求的上市公司将不能进行再融资。2011年11月9日,证监会有关负责人在解答四大市场热点问题时强调,证监会将要求所有上市公司完善分红政策及其决策机制。证监会将立即从首次公开发行股票开始,在公司招股说明书中细化回报规则、分红政策和分红计划,并作为重大事项加以提示。分配政策一经确定,公司不得随意调整。

　　自2011年11月11日开始,证监会网站披露的公司首次公开发行招股说明书的申报稿中,以往被忽略或是轻描淡写一笔带过的"上市后的股利分配政策",均已在"重大事项提示"、"管理层讨论与分析"和"股利分配政策"等部分做出了详细披露。

此项政策被看作是中国上市公司分红新政。李常青等(2010)指出,中国证监会关于上市公司再融资资格与股利分配水平相挂钩的政策法规,可以看作是一种"半强制股利政策"。而 2011 年底开始,证监会强制上市公司在 IPO 时做出的"现金股利承诺",则既不同于美国等发达资本市场对股利的"放任自由"政策,也不同于希腊等国家以法律形式规定的强制鼓励政策,突显了监管层希望通过强化上市公司股利监管,推进我国资本市场由"融资市"向"投资市"的转化的决心。

上市公司股利分红也一直是我国学者的研究热点。但国内学者主要集中于解释现金分红与否或分红水平的原因,包括公司再融资需求、迎合大股东、降低代理成本(袁天荣和苏红亮,2004;黄娟娟和沈艺峰,2007;吕长江和周县华,2005)等角度。而对于股利分配对公司盈余,尤其是对盈余质量的影响,国内学者的研究却相对缺乏。从国外来看,现有的研究股利和当期、未来盈余关系的文献主要集中于股利变化是否会导致盈余和股价同方向的变化(Watts,1973;Healy 和 Palepu,1988;Grullon 等,2002;Grullon 等,2005 等)。最近有文献开始研究股利支付本身能否反映某些方面的盈余信息,而不是试图解释股利如何影响股价及盈余变化(Hanlon 等,2007;Skinner 和 Soltes,2010)。

本书通过考察盈余质量代理变量和现金股利分配的关系,检验了现金股利分配是否包含某一特定的盈余信息——盈余质量信息。本书结论具有一定的理论及现实意义。有学者认为,股利可在一定程度上代表盈余质量(Breeden,2003;Malkiel,2003;Glassman,2005),

本书为此提供了经验证据。此外,本书结果也丰富了股利的信息含量的有关文献。尽管有很多信号模型(Bhattacharya,1979;Miller 和 Rock,1985;John 和 Williams,1985),但是对于"公司会调整股利来传递有关未来盈余的信息"这一基本假设,经验证据的支持却比较少。当然,经验证据的缺乏并不能表明股利对资本市场参与者来说,完全不提供信息。长期以来的经验研究集中于股利变化是否以及为何导致股价及盈余变化,不同于此,本书关注的是股利支付本身是否能够提供有关盈余质量信息。因此,本书研究丰富了有关股利信息含量的文献(Skinner 和 Soltes,2010;Hanlon 等. 2007 等)。

而对于政策制定者和投资者,盈余质量也很重要,因为它影响管理层和投资者之间的信息不对称程度,进而影响公司活动和价值(Healy 等,1999;Aboody 等,2005)。例如世界通讯公司(World-Com)的法院指定监管者 Richard Breeden(2003)曾指出:"股利是计量报告盈余的真实性的一种方法,股利支付能力取决于现金是否充裕,报告盈余和可用于股利支付的现金之间的显著差异可以作为潜在问题的指示器","股利支付会使公司更难使用会计操纵"。

第二节 文 献 综 述

一、股利的信息含量

(一) 股利变动的信息含量

"股利的信息含量"由 Miller 和 Modigliani(1961)提出,在一系列假设的前提下,现金股利的分配对股东价值没有任何影响,即著名的"股利无关论"。在此之后,其他学者放宽了假设条件,提出了交易成本理论、代理成本理论以及顾客效益理论等等。国外学者对现金股利的信息含量研究主要分为两类:一类是信号理论;一类是自由现金流量假说。传统的股利信号模型预测,股利包含了公司未来盈余前景的信息——股利上升代表好消息,股利下降代表坏消息(Lintner,1956)。自由现金流量假说则建立在代理问题的基础上,Easterbrook(1984)和 Jensen(1986)提出,发放现金股利有利于遏制内部管理者滥用多余现金,引入外部债权人监督。在这两大理论的基础上,国外学者用不同的研究方法进行了相关研究。

现有文献表明,未预期的股利变化通常导致股价变化。如 Aharony 和 Swary(1980)、Asquith 和 Mullins(1983)、Benartzi 等(1997)从不同的角度对股利公告事件进行了研究,结果发现未预期股利变化与未预期股价变化正相关。这表明,公司股利政策的变动向市场传递了某种信息,改变了投资者的预期。

但现有文献并没有发现股利变化导致盈余同方向变化的经验证据。如 Benartzi 等(1997)、Grullon 等(2002)发现股利增加和未来盈余变化之间并不存在显著正相关关系,但却发现在股利降低之后的两年中盈余增长的规律。股利变化导致盈余变化虽然缺乏经验证据,但并不表明股利完全不具有盈余信息。近年来,一些学者开始从其他角度研究股利变化的信息含量。如 Koch 和 Sun(2004)发现当股利变化和历史盈余变化一致时,股利变化公告前后的市场回报率和历史盈余变动存在显著正相关关系。这说明投资者认为股利可以提供有关历史盈余变动可持续性的信息。Grullon 等（2002）引入了风险计量方法，并使用 Fama-French 三因素模型，发现股利增长的公司其市占率、规模和账面市值比将下降，表明对于股利增长的公司，其系统性风险下降。因此，股利变化可以反映公司预期现金流的风险和波动性。Chen 等（2007）在 Fama-French 三因素模型的基础上增加了一个信息风险变量，反响在股利下降公告的前后，信息风险的定价上升，表明股利变动和盈余质量的定价显著相关。

（二）股利分配本身的信息含量

以上研究关注的是股利变化，一些最近的研究开始关注股利支付本身包含的盈余信息含量。这些研究并不试图解释股价变动、盈余变动是否以及如何和股利变动相关，而仅仅关心股利是否提供有关盈余的信息。如 Skinner 和 Soltes（2010）发现支付股利的公司相比于不支付股利的公司，盈余的持续性更强，而可持续的盈余是积极的（Francis 等，2004），认为股利可以提高报告盈余的可靠性，因为如果被操纵的会计盈余没有充分的现金流支持，管理层分配现金股利的代价将非常高昂。但 Dechow 和 Schrand（2004）认为，仅仅看盈余的持续性，并不足以说明盈余是高质量的。Caskey 和 Hanlon（2005）使用了 32 家被 SEC 起诉财务报表舞弊的样本公司，结果发现这些公司相比于配对的不舞弊的公司，股利支付的频率更低，支付金额也更小。Hanlon 等（2007）发现对于支付股利的公司，其未来盈余和当前回报率具有更密切的关系，说明股利相比于当期盈余，可以提供有关未来盈余的额外信息。Tong 和 Miao（2011）发现股利支付和盈余质量的多个代理变量之间均存在显著关系。

也有学者研究了股利信息公告和盈余信息公告的交互作用。Kane 等.(1984)以美国股利和盈余宣告日期间隔小于 10 天的情况为样本,发现股利和盈余都具有信息含量,且具有很强的相互作用:若盈余随同股利上升,股价具有更强的正向反应;若股利随同盈余下降,将导致更大的负收益。Leftwich 和 Zmijewski(1994)将样本局限于同时公布盈利和股利信息的美国上市公司,采用与 Kane 等.(1984)不同的方法对这一问题进行了检验。结果发现,同时公布的股利和盈余信息在各自所包含的信息之外均传递了增量信息,且盈余信息是更为重要的信息。

(三) 国内上市公司股利政策信息含量

1. 我国上市公司股利政策相关法律法规变迁

我国的证券交易制度起始于 1990 年 11 月上海证券交易所的成立,1990—2000 年,股票发行采用行政审批制;2000 年 3 月 17 日,证监会发布《股票发行核准程序》,审批制转为核准制,并沿用至今。与此同时,上市公司股利政策相关的法律法规也经历了较大变化,其中,针对于证监会有关现金股利的部分规定,本书已在第三章的附录《影响上市公司现金分红政策的法律法规》中罗列。

此外,根据 2012 年 5 月 9 日证监会《关于进一步落实上市公司现金分红有关事项的通知》,首次公开发行股票公司应当在招股说明书中做好利润分配相关信息披露工作:包括披露公司章程(草案)中利润分配相关内容;披露公司是否有未来 3 年具体利润分配计划;披露公司长期回报规划的具体内容,以及规划制定时主要考虑因素;"重大事项提示",提醒投资者关注公司发行上市后的利润分配政策、现金分红的最低比例(如有)、未来3年具体利润分配计划(如有)和长期回报规划,并提示详细参阅招股说明书中的具体内容。

同时,保荐机构应当在保荐工作报告中反映发行人利润分配政策的完善情况,对发行人利润分配的决策机制是否符合规定,对发行人利润分配政策和未来分红规划是否注重给予投资者合理回报、是否有利于保护投资者合法权益等发表明确意见。

综合上文所述,证监会关于上市公司在 IPO 招股说明书中强制进行现金股利政策披露的规定也被视为"中国上市公司分红新政"(蔡庆丰和江逸舟,2013),标志着对投资者保护的进一步加强。

2. 国内学者的研究

国内学者对股利分配信息含量的研究主要集中于股利分配与股价之间的关系,对于股利分配和盈余之间的关系则较少涉及。国内学者的研究也可以分为股利信号理论和股利代理理论两大类,并以实证研究的方式将国外理论在中国的运用加以完善。

(1)股利分配与股价——信号理论

在股利信号理论方面,由于我国证券市场特殊的制度安排,在公司治理、发行定价等方面尚不成熟,且股权分置问题存在了较长时间,因此,早期的相关研究发现,国内上市公司的现金股利政策并未导致股价的正向变动。

俞乔和程滢(2001)以及何涛和陈晓(2002)采用不同的事件日和不同的研究方法,发现现金股利不受市场欢迎、不能显著提高企业市场价值。肖星和陈晓(2002)将证监会 2000 年 2 月 25 日颁布的

《新股发行管理办法》视为对拟申请发行新股的上市公司实行了强制股利政策,该文通过实证研究发现,由于股权分割等问题,大股东可能出于自身利益而主动发放现金股利,强制股利并不能保护外部股东利益。陈工孟和高宁(2005)研究了中国上市公司年度盈余宣告和股利宣告的信息含量,以中国股票市场 1995—1998 年 1232 个同时宣告盈余、现金股利和股票股利的股票为样本,发现非预期盈余与异常收益正相关,这表明投资者利用盈余宣告信息来确定股票市价;股票股利则加强或减弱了盈余信号;股票股利和股票收益之间存在着较弱的相关性;现金股利和股票收益之间也没有明显的联系,这和"股利不相关"理论是一致的。

La Porta 等 (1998,2000)指出,中小投资者权利的法律保护主要有三个方面,即一股一票、抗董事权和强制分红。对于那些拥有较少其他法律权利的股东而言,强制分红是一项重要的补充性保护措施。在西方成熟的资本市场中,政府对于公司股利政策一般不进行干预。而投资者法律保护相对不完善的新兴市场国家,则倾向采用强制股利政策来保护外部中小投资者的利益。如,巴西规定上市公司必须将当期净利润的 50％以现金股利方式支付给股东,乌拉圭对净利润的强制股利分配比例为 20％,其他规定强制股利分配的国家还有智利、哥伦比亚、厄瓜多尔、希腊等(La Porta 等,1998)。

从 1999 年《证券法》的发布开始,我国投资者法律保护日益受到广泛重视。国务院、证监会也不断出台相关规定,加强对股票投资者利益的保护。此外,证监会强调"现金分红是实现投资回报的重要形式,更是培育资本市场长期投资理念,增强资本市场活力和吸引力的重要途径",因此要进一步"增强上市公司现金分红的透明度,便于投资者形成稳定的回报预期"。

可以说,近年来国内投资者利益保护环境在不断改善,上市公司的现金股利政策也发生了很大变化,也会影响到投资者对上市公司现金股利政策的态度。如宋玉和李卓(2008)研究发现,以2001—2004年A股上市公司为样本,研究发现现金股利的变动与股价变动正相关,股利信息具有信息含量;盈利信息与股利信息之间具有一定的确证效应。李常青等(2010)认为证监会将上市公司再融资资格与股利分配水平相挂钩可界定为"半强制分红政策",并考察了其市场反应。实证结果表明,这一政策颁布期间,资本市场整体呈倒U型走势,显示投资者对于半强制分红政策呈现出"预期—失望"的反应过程;进一步细分上市公司类型研究发现,计划再融资、高成长低自由现金流、高竞争低自由现金流的上市公司市场反应显著较差。

(2)股利分配与股价——代理理论

对于股利分配和代理成本之间的关系,国内学者的结论并不一致。吕长江和王克敏(1999)运用Linter模型,采用双步骤法,以深沪两市1996—1998年支付现金股利的372家上市公司为样本,研究发现:上市公司存在代理问题,代理成本越高,股利支付水平越低,说明我国现金股利很难控制代理成本。原红旗(2004)从控股股东角度对现金股利的支付动机进行了检验,认为大股东的控股地位越高,现金股利支付越高,控股股东通过现金股利转移现金。而魏刚(2000)从代理理论的角度指出,股利支付是上市公司大股东减少代理成本的一种途径。

杨熠和沈艺峰(2004)综述了之前的国内研究,并采用事件研究和横截面回归,发现股利作为一种代理成本的约束机制在我国资本市场能够起到一定的作用,并非"显然有限",现金股利的市场表现依赖于公司投资机会和现有的代理问题状况,这说明市场能够观察到现金股利派发所起的约束代理成本的作用,客观上提高了管理者滥用现金资源时的机会成本,能够对该文施加一定的压力。

我国近年来不断颁布的半强制股利分红政策,也可以通过代理理论来予以解释。证监会自 2011 年 11 月开始执行的 IPO 强制现金股利披露政策,可以看成是要求拟上市公司做出的强制性的"现金分红承诺",其出发点也为了加强对投资者利益的保护,因为现金股利可以减少公司内部管理者滥用自由现金,减少代理成本,加强外部投资者监督,从而引导上市公司合理利用公司资源。

(3) 股利分配与盈余质量

国内学者从盈余角度检验现金股利信息含量的文献基本也是集中于从股利变动的角度进行考察。

李常青(2001)通过列联表检验和回归分析,发现我国上市公司的股利变化与公司未来盈利变化不相关。原红旗(2004)发现我国上市公司的股利变动主要与当期收益的变化有关,不能反映未来收益变化的信息,股利变动在中国没有盈余信息含量。而魏刚(2001)通过实证检验和问卷调查的研究结果表明,我国上市公司在决定股利政策时考虑了持久盈利,股利政策可以向投资者传递公司持久盈利的信息。孔小文和于笑坤(2003)实证研究表明,分配股利的上市公司未来盈利情况好于不分配股利的上市公司,股利政策包含了公司对未来盈利水平的预期。高克智等（2010）基于信号理论并借鉴Skinner（2008）的模型，实证结果表明：盈利性强的公司，派现意愿较高；未来盈利性好的公司，当期现金股利支付率也较高。因此，公司派现行为具有较强的信息含量：派现意愿、派现程度可能是公司管理层向市场传递的一种信号。

国内学者将现金股利本身与公司盈余质量相联系的文献较少，且一般是研究公司盈余对股利政策的影响，研究的视角与本书并不相同。如赵西卜和曾令会（2013）研究了2000—2010年我国上市公司不同性质会计盈余对股利发放的影响，实证结果表明，上市公司为可操纵性盈余支付了股利，且可操纵性盈余对股利发放的影响系数要小于不可操纵性盈余的影响系数。另外，该文分别从信号传递视角与利益侵占视角研究了盈余质量对上市公司股利分配的影响。

仅李卓和宋玉（2007）基于盈余持续性的概念，实证检验了上市公司的股利类型、股利支付率与企业未来盈利能力的关系。该文以2000—2004年上市公司为样本，研究发现：我国上市公司中派发了现金股利的公司其盈余持续性要强于未派发股利的公司，而且在净利润和营业利润上也表现出更强的增长能力。但在派发现金股利的公司中，股利支付率的大小与盈余持续性强弱并不成简单的线性关系，股利支付率高的公司在盈余的整体及其组成部分上并未表现出更强的盈余持续性。大股东对于现金股利的偏好并未显著影响到盈余的持续性。由此，该文认为，我国上市公司的现金股利政策能够成为以持续性衡量的盈余质量或未来盈利能力的附加信号。

通过以上分析可以发现，国内学者的研究集中于从股利变动的角度展开,且对于股利政策与公司盈余之间关系的研究并无一致结论,说明仍有可待研究的空间。同时,对于现金股利分配本身与盈余质量之间的关系,国内学者的研究也较为缺乏,仅有的研究使用的数据也是较为早期的,且在股权分置改革之前,也并未考虑产权性质等的影响。因此,在研究方法和数据选择方面也存在着拓展研究的可能。而本书以上证 A 股上市公司为样本,对现金股利分配与盈余质量之间的关系,是对以上文献的一个补充。

二、盈余质量影响因素

(一) 盈余质量的内涵

Ball 和 Brown(1968)开创性的进行了会计实证研究,发现了报告盈余与股票价格之间的相关性。Beaver(1968)从另一角度验证了公司财务报告盈余信息披露对股票价格的影响。这两篇文献均证实了盈余信息的价值相关性和有用性,为盈余质量问题的研究奠定了基础。此后,国内外学者采用实证方法对盈余质量进行了大量研究,但目前对于盈余质量并无统一定义。

国外学者的主要观点包括以下三类:第一,侧重盈余的持续性,Richardson(2005)认为盈余质量是指在未来期间内盈余可以持续的程度。第二,强调盈余的现金保障性,盈余质量是指"应计制下所确认的盈余与企业现金流在一段时间内的弥合程度"(Jones,1991;AAA,2002 等)。第三,侧重反映经济盈余的程度,Shipper(2003)将盈余质量定义为财务报告中的利润能够如实反映(faithfully represent)企业实际的经营利润,其中"如实反映"是指"计量或描述与它所要表达的现象相符合"。国内学者也主要是从盈余的真实性、现金保障性、决策相关性等角度来描述盈余质量的定义。

Dechow 和 Schrand(2004)指出,可用盈余计量公司业绩,高质量盈余应当包括三个特点:(1)准确反映公司当前经营业绩;(2)提供有关公司未来经营业绩的信息;(3)可用于综合评价公司业绩。

Dechow,Ge 和 Schrand(2010)(DGS)对盈余质量做出了全面详细的研究述评,指出盈余质量的内涵包括:盈余的持续性、应计的范围、应计的残差、平滑度、及时亏损的确认、盈余基准点、反应系数、盈余误报等,而盈余质量常用的代理变量主要有应计与异常应计项目、盈余持续性、损失确认及时性等三种方法,并对其各自的有效性进行了深入讨论。

(二)盈余质量的影响因素

盈余质量的影响因素很多,既包括制度的因素,也包括盈余管理、会计差错等人为因素。从应计项目的角度考虑,主要因素是非可操纵应计项目。Dechow 和 Dichev(2002)指出,公司规模、财务总监、销售状况、经营周期及盈余为负的比例是影响盈余质量的五个固有因素。Francis (2004)进一步提出影响盈余质量的七个固有因素,在五因素的基础上增加研发和广告费用占销售收入的比例和固定资产占总资产的比例。

此外,已有研究较多的集中于治理机制与盈余质量的关系,包括公司内部和外部两个方面。

1. 内部公司治理机制与盈余质量

(1) 股权结构与盈余质量

股权结构作为治理结构的一部分,对盈余质量起着举足轻重的作用,它在很大程度上决定了企业的治理效率,并通过影响企业筹资、投资、分配等重要理财行为使经营业绩发生变化(王化成和佟岩,2006)。对于股权结构与盈余质量的关系,学者的研究主要集中于管理层持股、机构投资者持股(Jiambalvo,2002 等)及股权集中度等方面(如 La Porta 等,1998;Fan 和 Wong,2002)。

管理层持股与盈余质量之间的关系并无一致结论。Warfield 等.(1995)发现,管理层持股比例与股票回报和会计盈余质量正相关,而 Gabrielsen 等.(2002)发现,管理层持股比例和盈余的信息含量负相关。赵景文和杜兴强(2007)研究表明,管理层持股与整体信息披露质量显著正相关。王化成和佟岩(2006)指出,受政治因素影响,我国国有企业管理层持股比例非常少,而民营企业的管理者一般也是大股东,难以归入职业经理人,因此,我国上市公司管理层持股较低,抑制盈余管理的动机较弱(陈宋生和赖娇,2013)。

基于机构投资者和股权集中度的研究也较多。薄仙慧和吴联生(2009)发现国有控股和机构投资者有利于公司治理的改善,但机构投资者的积极治理作用在国有控股公司中受到限制。Wang(2006)发现创立者持股比例与盈余质量存在正相关关系,但两者关系为非线性;王化成和佟岩(2006)利用盈余反应系数的研究发现,控股股东的持股比例与企业的盈余信息质量显著负相关,同时其他大股东持股比例越高,盈余质量越高。

(2)董事会特征

关于董事会特征与盈余质量的关系,研究结果较为一致。Dechow 等（1996）研究发现，董事会中内部董事所占比例、董事长与总经理两职合一、公司未设立审计委员会等，与会计信息质量负相关。Klein（2002）表明，审计委员会的独立性及董事会独立性与可操纵应计利润负相关。吴清华和王平心（2007）研究发现，独立董事比例越高、拥有财务独立董事或者设立审计委员会，盈余管理行为均能得到更大程度的抑制。

（3）公司综合治理

陈俊和陈汉文（2007）指出，已有的研究绝大多数考察了若干治理机制对于会计信息质量的影响，但是公司治理结构是一个整体，应综合考虑。其运用主成分分析法构建公司治理质量综合评价指数，研究发现，公司治理质量与盈余的价值相关性显著正相关。余宇莹和刘启（2007）研究发现，公司治理系统越好，盈余管理的空间越小，审计质量越高。

2. 外部治理机制与盈余质量

已有文献主要从投资者法律保护、信息披露透明度、法定审计等外部治理机制方面研究了对盈余质量的影响。

Leuz 等（2003）研究表明，投资者保护程度较强的国家（如英美法系国家），上市公司盈余管理程度较小，会计信息质量较高。Cormier 和 Magnan（2003）研究发现公司信息披露透明度越高，会计盈余的可信度也越高。而法定审计方面的大多数研究结果表明，独立审计质量与会计信息质量显著正相关（Teoh 和 Wong，1993；Defond 和 Subramanyam，1998 等）

国内学者对公司外部治理机制的研究也在逐渐增加。李丹和贾宁(2009)研究发现,完善的外部制度环境能够减弱盈余信息质量对分析师预测的影响;罗劲博(2013)研究表明,在职消费对盈余质量产生负面影响,在国有企业这种关系更显著,民营企业虽然也存在这种关系但不显著;在市场化进程较低地区的公司,当年在职消费对盈余质量的负面影响要大于市场化进程高的地区,滞后一年的在职消费对盈余质量会产生正面影响。

综合来看,以上研究结果表明,盈余质量是一个较为综合的评价指标,会受到多种因素的影响。而对于现金股利分配与盈余质量之间的关系,目前国内学者的研究还较为缺乏,也为本书提供了研究机会。

三、产权性质的影响

(一) 对国外市场的研究

国外学者关于企业产权性质方面的研究主要包括:企业性质对公司绩效、公司行为的影响,私有化改革、市场化改革对公司的影响以及政治关系对公司行为和经济发展的影响等。

在金融和经济文献中,所有权结构是决定公司业绩的重要工具变量,学者研究了外部和内部所有者如何影响公司业绩(Booth 等,2002;Brickley 等,1998;Denis 和 Denis,1994;Fama 和 Jensen,1983)。Kornai(1980)研究传统社会主义市场经济模式,发现长期亏损的国有企业由于总是受到财政补贴或者其他形式的救助,这种所谓的软预算问题导致其不能被市场淘汰,从而降低国有企业运行的有效性。Boardman 和 Vining (1989)被大量引用,以 1983 年 500 家最大的非美国的工业企业为样本,发现私有企业显著比政府所有以及混合所有的公司业绩要好,但是在后两者中并没有发现重大差异。Vining 和 Boardman(1992)使用了一个加拿大公司的样本,发现私有企业优于混合企业,混合企业优于政府所有企业(SOEs)。

大多数研究表明国有产权并没有更好地服务公众利益(Grossman 和 Krueger,1993),国有企业在劳动力雇佣、产品定价、成本控制等方面一般是无效的(Boycko 等,1995;Dewenter 和 Malatesta,2001)。此外,政治官僚机构的目标是政治利益,和提高社会福利不一致。Dewenter 和 Malatesta(1997)发现上市国有企业的股价比上市私营企业的股价折价更严重,而且资本市场不发达地区的政府官员目标高于社会福利最大化目标。仅有少量文献表明国有产权更有效率(Hart 等,1997)。

对发展中国家私有化现象进行研究的文献较少,现有文献主要关注发达国家的经历。在世界银行的一项研究中,Galal 等(1994)评估了在非竞争性市场和智利、马来西亚、墨西哥和英国这四个国家的 12 家公司在私有化过程中的财务增加和损失,发现其中 11 家公司财富有所增加。Megginson,Nash 和 Van Randenborgh(即 MNR)(在 1994 年)比较了 1961—1990 年 18 个国家(其中 12 个发达国家,6 个发展中国家)的 32 个行业中的 61 家公司在私有化前后的财务和经营业绩,研究发现,在私有化之后,样本公司赢利性显著提高,营业收入、投资支出增加,经营效率提高,而且,这些公司显著降低了负债水平并提高了股利支付。此外,私有化之后的就业水平提高了。Narjess Boubakri 和 Jean-Claude Cosset(1998)通过在较大范围的发展中国家对私有化现象的研究,检验在这些国家特定的经济和制度背景下,私有化是否有利,发展中国家国有企业的私有化如何影响企业的财务和经营业绩。该文考察了 1980—1992 年间经历全部或部分私有化的 21 个发展中国家的 79 家公司的财务和经营业绩的变化,结果表明,私有化之后,盈利能力、经营效率、资本投资支出、产出、就业水平以及分红均显著增加。Kathryn L 等 (2001)研究发现,公司私有化后劳动力密集度的下降,私有化后杠杆率显著下降。

也有文献研究了政治关系对企业所有者行为的影响,如,管理者花费资源去建立与政府官员的"个人关系"(例如:友谊、共享教育和工作经历、董事会提名以及竞选捐款),以寻求获得政治权力,并使用政治关系来支持公司发展。Pramuan 和 Yupana(2009)调查了一个被研究的很少,但是普遍存在的用来获取政府补助的机制:企业所有者自己通过选举担任要职。以泰国作为研究样本,该文发现公司所有者越是依赖政府特权或所拥有的财富,越有可能竞选要职。一旦掌权,其公司的市场估值显著增加。但政治权力并不影响公司的融资策略。担任要职的公司所有者使用政治决策力来实行有利于公司的法规和公共政策,这些政策阻碍国内及国外的竞争者,以使有政治关系的企业能够占据更多的市场份额。

(二)对我国资本市场的研究

在经济转型的背景下,中国上市公司面临着与其他发达国家所不同的制度环境。Huang 和 Song(2006)研究发现中国上市公司大部分归国家所有,且国有股在股权结构中占绝对比例,这与发达资本主义国家上市公司的股权结构不同(Ian 等，1999)。此外，我国国有大银行普遍具有明显的偏好，更倾向于向国有企业贷款而吝于向民营企业贷款。与民营企业相比，国有企业还普遍存在预算软约束问题(林毅夫和李志斌，2004)，并且政府会通过银行贷款对国有企业进行必要的补贴(沈红波等，2011)。因此，产权性质可能导致我国上市公司在决策行为和经济后果上的显著差异。

1. 产权性质与盈余质量

关于产权性质与盈余质量的关系，国内学者并未得到一致结论。国有企业通常由政府控股，政府的目标在于社会利益最大化，而民营企业的目标则为自身利益最大化。民营企业控股股东可能更有动机操纵盈余，因为自身可以直接获益(Ding 等，2007；雷光勇和刘慧龙，2006)，从而国有企业盈余质量高于民营企业；另一方面，国有企业中的所有者缺位、内部人控制等问题可能造成管理层的盈余管理更严重，从而国有企业盈余质量低于民营企业。两种观点均有经验证据。

王化成和佟岩(2006)调整了盈余反应系数基本模型，加入与控股股东有关的研究变量，使用我国上市公司 1999—2002 年间的数据，结果表明：控股股东的持股比例与企业的盈余质量显著负相关；控股股东为国有股时盈余质量更低；其他股东的制衡能力越强盈余质量越高。王烨(2010)等结论与之类似，发现国有控股上市公司的会计盈余质量随着国有股权份额的增加而降低。

而余怒涛等(2008)关于产权性质与盈余质量的关系，结论则相反。该文使用 1999—2005 年沪深两市上市公司为样本，研究发现：

在我国,国有股比例对盈余质量的影响是正向的;而且,不同业绩预期情况不同。在业绩预增时,控股股东持股比例与盈余质量显著正相关,且当控股股东为国家股时,盈余质量更好,国有股比例与盈余质量显著正相关,而其他股东的制衡能力与盈余质量显著负相关;但在业绩预减时,股权结构与盈余质量的关系是完全相反的。杨继伟(2010)等的研究结论与之类似。且余怒涛等(2008)在文中指出,当采用与王化成和佟岩(2006)相同年度的资料进行验证后,也未得到与王化成和佟岩(2006)一致的结论。

申慧慧等(2009)则考虑了股权分置改革的影响,以 2004—2006 年的上市公司数据为样本,研究了股权分置改革对不同产权性质的上市公司盈余质量的不同影响。研究结果表明,股权分置改革后,非国有上市公司向上盈余管理程度显著提高,盈余持续性显著降低;而国有上市公司的盈余管理程度和盈余持续性都没有显著变化。

2. 产权性质与股利分配

产权性质对股利分配的影响可以从代理成本、税收成本等角度加以研究。

徐国祥和苏月中(2005)从代理成本角度对我国现金股利与中小投资者利益关系进行了系统的理论分析,并提出了在股权分置的情况下的现金股利悖论,即现金股利增加或降低都可能增加代理成本,从而损害中小投资者利益;在此基础上,得出三条推论:股权越集中的公司,现金股利支付率越高;国有股股东比法人股股东更偏好现金股利;现金股利支付极不稳定。检验结果表明,在未考虑其他影响因素时,国有股股东与法人股股东对现金股利的偏好并无显著差别,该文认为,增加现金股利的一刀切的做法并不可取,要解决现金股利的两难处境,前提是股票全流通。而强国令(2012)通过建立Probit及Tobit模型,考察了股权分置制度变迁和管理层股权激励对公司现金股利的影响。结果表明,股权分置改革确实显著提高了上市公司现金股利的分配倾向和分配力度。且进一步的研究表明,股权分置改革缓解了无股权激励公司中的股利分配不足,同时矫正了有股权激励公司中的高股利分配。

孙刚等(2012)指出,作为股利政策的决策者,控股股东须权衡股利政策的成本和收益,其中税收成本是影响股利政策的重要因素之一。该文以2004—2010年A股上市公司为样本,研究发现:不同性质的控股股东对税收成本的关注程度存在显著差异:由于税利分离程度较高,民营控股股东对现金股利的税收成本更为敏感,尤其是在自然人直接控股的上市公司。研究发现,自然人控股公司最不偏好采用现金股利的分配方式以规避税收成本,而国有控股公司更倾向于发放较高的现金股利。实证结果支持了文章假说,即不同产权所隐含的税收成本差异是影响上市公司股利政策的重要因素。

王茜和张鸣(2009)则在考察产权性质对股利政策的影响时加入了经济波动的影响。以1998—2008年上市公司为样本,研究发现,不同产权性质的公司在经济波动期的股利政策也不一样。在经济下降期,非国有控股公司第一大股东比例越高,股票股利支付数量越少,现金股利支付数量越多,但是,国有控股公司这种变化并不显著,说明相对于国有控股公司,非国有企业的股利政策更容易受到经济波动的影响。

3．产权性质与公司业绩及其他公司行为

我国上市公司"一股独大"现象普遍存在，且在 2006 年股权分置改革之前往往是非流通股，无法由市场规则约束，而当控股股东为国有股东时，又增加了大股东"缺位"问题，因此，对公司业绩造成负面影响。

许小年（1997）发现，国有股持股比例与公司效益负相关，法人股持股比例与公司效益正相关；Sun 和 Tong（2003）发现，国家股对公司绩效有负面影响，法人股对公司绩效有正面影响，外资股对公司绩效没有显著影响。刘立国和杜莹（2003）则通过对我国发生财务报告舞弊上市公司与控制样本的实证分析发现，法人股比例、执行董事比例、内部人控制、监事会的规模与财务舞弊的可能性正相关，流通股比例则与之负相关；如果公司的第一大股东为国资局，则公司更可能发生财务舞弊。陈晓和江东（2000）考虑了不同行业的影响，发现股东性质与经营业绩之间的关系受行业竞争性的影响，在竞争性较强的行业，国有股比例与公司业绩负相关，法人股和流通股比例与公司业绩正相关，而在竞争性较弱的行业没有发现这些结果。

高雷和张杰（2010）研究发现，不同产权性质的银行中，各类风险对审计费用的影响存在着一定的差异，如国家控股银行的流动性比例对审计费用的影响更为明显。王跃堂等（2010）研究了产权性质与债务税盾和资本结构的关系，发现非国有企业在资本结构决策中会更多地考虑债务税盾的因素，在税收筹划方面更为激进。刘启亮等（2012）对产权性质、制度环境与内部控制的研究发现，相比于中央政府控制的公司,地方政府控制的公司内部控制质量相对较差,而非政府控制的公司内部控制质量与中央政府控制的公司之间则没有明显差异;上市公司所在地区的市场化程度越高或政府对经济的干预程度越低,公司的内部控制质量越高,尤其是对于地方政府控制和非政府控制的上市公司,并且良好的外部制度环境有助于缩小地方政府控制和非政府控制公司的内部控制与中央政府控制公司之间的差距。田立军和宋献中(2011)研究发现国有企业大股东与中小股东的代理冲突与企业投资显著正相关,而民营企业上市公司大股东与中小股东的代理冲突与企业投资负相关但不显著。

综上所述,在我国,不同产权性质的公司,其公司行为及业绩确实存在显著差异。但是将产权性质与现金股利分配和盈余质量同时相联系的文献还较为缺乏。根据Jensen(1986)提出的自由现金流假说,现金股利分配可以有效降低可供管理层支配的自由现金流,遏制内部管理者滥用多余现金,引入外部债权人监督,因此,有助于降低代理问题。考虑到产权性质的差异,现金股利分配与盈余质量之间的关系在国有和民营企业中很可能存在差异,而现有文献对该问题的研究还相对较少,也为本书提供了研究的空间。

第三节　理论分析与研究假设

基于本章第二节对现有文献的研究梳理,本书认为股利和盈余质量之间存在正相关关系,主要基于以下两个理由:

第一,如果盈余不能反映公司真实情况,管理层进行股利支付的成本将非常高,因为现金股利的支付需要现金的流出。这一理由和部分政策制定者、学者和投资者一致,他们认为股利可以用于衡量盈余质量,因为股利必须要有真实现金流的支撑。因此,支付现金股利的公司报告的盈余质量更好,预期现金流实现的不确定更低,管理层过度乐观而操纵的可能性也更低(Breeden,2003;Malkiel,2003;Glassman,2005 等)。

第二,现有的代理理论表明,股利可以降低管理层和股东之间的代理冲突和成本(Rozeff,1982;Easterbrook,1984;Jensen,1986;Myers,2000)。如 Easterbrook(1984)指出,股利有助于资本市场监管上市公司的管理行为和管理业绩,因此,可以降低管理层和股东之间的代理成本。现金股利支付提高了管理层进行外部融资的必要性,从而导致投资银行、股票交易所、资本提供者等对管理层进行更密切的监管。

因此,本书提出如下两个假设:

H1:相比于不支付股利的公司,分配现金股利的公司具有更高的盈余质量。

H2:相比于分配率较低的公司,现金股利分配率较高的公司具有更高的盈余质量。

在此基础上,如果考虑产权性质的影响,在国有企业和民营企业中,现金股利分配与盈余质量之间的关系可能存在差异。

从委托代理理论来看,国有企业的大股东往往是各级政府,政府承担着社会稳定、经济发展等其他社会目标,需要国有企业的支持和参与。如早期国有企业的一个主要问题是其承担了政府的多重目标,如经济发展战略、就业、税收、社会稳定等,由此造成了国有企业的政策性负担(Lin 等,1998;林毅夫等,2004a,2004b)。目前,虽然国有企业的治理结构和监管环境发生了很大变化,但是刘启亮等(2012)认为由于政府控制国有企业并依然有能力基于其他目标的考虑而影响这些公司的决策和行为,因此,政府的动机和行为对国有企业可能会产生重要影响。

另一方面,国有企业的高级管理层是"准公务员",而且国有企业的高级管理者(总经理和董事长)可以在政府领导和国有企业领导之间进行岗位轮换,因此,国有企业的高级管理者除了在经济上想获得最大化的报酬外,更看重自己未来的政治前途和升迁问题(罗劲博,2013 等)。

因此,在国有企业中,所有者缺位、管理层的道德风险等问题相比于民营企业可能更为严重,国有企业高管为了完成各级政府所下达的利润目标或业绩增长需要,在经济上最大化自己的报酬之外,还要和政府官员等建立关系,甚至打着工作的名义进行"在职消费",现金股利等真实现金流流出对其的约束作用可能更大。基于Jensen(1986)的自由现金流假说,本书认为,现金股利分配可以对此类代理问题进行有效约束,相比于民营企业,在国有企业中,现金股利分配与盈余质量之间的关系更显著。

因此,本书又提出如下两个假设:

H3:相比于民营企业,国有企业分配现金股利的公司具有更高的盈余质量。

H4:相比于民营企业,国有企业现金股利分配率较高的公司具有更高的盈余质量。

第四节　研　究　设　计

一、样本选取

研究选取的样本公司为在上海证券交易所挂牌交易的 A 股企业。在样本选取时:(1)剔除了金融类企业、ST、PT 及发行 B 股、AB 股的样本;(2)剔除了样本公司数据不全的公司。对所有样本数据在 1% 的水平上进行了 Winsorize 处理。

本书使用 ADA(操控性总应计项目的绝对值)作为盈余质量的代理变量,使用 AAQ(操控性流动应计项目的标准差)作为盈余质量的代理变量进行稳健性检验。使用 ADA 计量盈余质量时,样本选取的时间段是 2007—2012 年;使用 AAQ 计量盈余质量时,样本选取的时间段为 2008—2011 年,由于要用到上年和下年的经营现金流量,且要计算第($t-3$)年到第 t 年的可操控流动应计项目,所以实际样本覆盖时间区间是 2005—2012 年。

行业划分标准按照证监会的行业门类标准来确定,即从 A 到 M 共 13 个大类,最终使用 ADA 作为盈余质量的代理变量分别共获得 4441 个样本观测值。本书主要数据来源于 Wind 数据库和 CCER 数据库,数据处理使用 EXCEL 以及 Stata12.0 统计软件。

二、变量选取

(一) 被解释变量

盈余质量衡量指标可分反映会计基础的指标（应计利润质量等）和反映市场数据和会计基础关系的指标（稳健性等）（Francis 等，2004）两类。高质量的盈余需满足：持续稳健性（Hawkins，1998），真实反应企业的价值及经营状况（Dechow 和 Schrand，2004），决策相关性（王化成和佟岩，2006）。本书选取 Jones（1991）的模型来计量盈余质量，并以 Dechow 和 Dichev（2002）的模型进行稳健性分析。Jones（1991）模型 1 如下：

$$
\begin{aligned}
TAC_{i,t} = \beta_0 &+ \beta_1(1/TA_{i,t-1}) \\
&+ \beta_2\big[(\Delta REV_{i,t} - \Delta REC_{i,t})/A_{i,t-1}\big] \\
&+ \beta_3(PPE_{i,t}/TA_{i,t-1}) + \varepsilon
\end{aligned} \tag{1}
$$

其中，总应计项目 TAC，是经营净利润与来自经营活动的现金流量的差异，$TAC = $ 流动资产的变化－流动负债的变化－经营现金净流量的变化＋短期负债的变换－当年的折旧及摊销。TA 为总资产，ΔREV 为收入的变化，ΔREC 为应收账款的变化，PPE 为固定资产总额。

首先逐年逐行业（证监会划分的 13 个大行业），估计出模型（1）各变量的回归系数，将回归系数回代到模型中，计算出各年度各样本的拟合值，并以其年度对应的实际值减去拟合值，得到异常值，即为操控性应计项目（DA），对 DA 取绝对值，即得到操控性总应计项目的绝对值 ADA，ADA 的值越大，表明公司的盈余质量越差。

本书使用 *ADA* 衡量盈余质量,因为该值可以反映管理层由于过度乐观而对财务报告进行的操控(Jones,1991;Dechow 等,1996;Bowen 等,2008)。

(二) 解释变量

本书使用的解释变量有两个,分别如下:

1. 是否分配现金股利(ddiv)

如果公司当年分配了现金股利,则 ddiv=1,否则 ddiv=0。

2. 现金股利支付率是否较高(high)

如果公司当年的现金股利支付比例高于所处行业当年度的现金股利支付比例的均值,则 high=1,否则 high=0。

(三) 控制变量

本书使用的控制变量包括在现有文献中发现的可能影响盈余质量和股利支付的变量。Fama 和 French(2001)指出影响公司分配股利的三个重要因素分别是公司规模、成长性和盈利性,DeAngelo 等(2006)发现进入成熟期的公司更有可能分配股利。

以上变量也会影响盈余质量。Watts 和 Zimmerman(1990)认为规模较大的公司更有动机对盈余进行操控以降低政治关注,McNichols(2000,2002)发现成长性高的公司应计项目更大。Lang 和 Lunholm(1993)发现公司业绩是衡量公司披露和报告行为的重要变量。此外,Teoh 等 (1998a,1998b)发现频繁从资本市场融资的公司更倾向于管理盈余,DeFond 和 Jiambalvo(1994)发现杠杆率高的公司更有可能操控盈余以避免违反负债条款,Barton 和 Waymire (2004)发现管理层提供高的报告盈余的可能性随着负债率的提高而提高。但也有研究表明杠杆和权益可以降低代理成本,限制管理层过度乐观的估计(Harris 和 Raviv,1991;Fluck,1998)。因此,本书也控制了资产负债率这一变量。

此外,股权结构等公司治理机制也会对盈余质量和现金股利产生影响(如 La Porta 等,1998;Fan 和 Wong,2002;王化成和佟岩,2006 等)。特别地,本书认为应当控制大股东持股比例的影响。

一般而言,大股东控制会产生两种显著效应:激励效应(incentive effect)和堑壕效应(entrenchment effect)(Dyck 和 Zingales,2004)。激励效应是指大股东通过有效监督管理层或直接参与经营管理来提升公司价值,所有股东按其拥有的股份比例获得收益;堑壕效应是指大股东凭借对企业的控制权以获取隐性收益,并降低企业价值,从而造成对小股东利益的侵害(张祥建和徐晋,2007)。与以上两种效应相对应,大股东可以获得的控制权收益可以分为共享收益和私有收益两部分(Grossman 和 Hart,1988),前者是控股股东控制权作用于公司绩效而产生的增量收益,后者是控股股东对中小股东的侵害而获取的隐性利益。

Johnson(2000)提出了"掏空"的概念,主要是指能够控制公司的股东为了自身的利益将公司的财产和利润转移出去的行为。国外学者从所有权结构、信息透明度、投资者法律保护等角度对大股东"掏空"进行了研究,且认为控股股东的"掏空"行为还会严重阻碍金融市场的健康发展(Johnson,2000;Fan 和 Wong,2000 等)。

在我国,上市公司的股利政策往往受到大股东持股比例的影响。Lee 和 Xiao(2002)对中国上市公司的研究发现,当大股东持股比例较高时,通过派现可以获得较多的收益,从而倾向与发放现金股利。姜国华和岳衡(2005)指出,大股东的存在是我国股票市场上一个普遍现象,大股东持有的股票不能流通又使大股东不能够从股票升值上实现其作为股东的收益,也不介意从事造成公司股价损失的行为。在这种情况下,大股东的"增值假说"(value-added view,Bae 等,2002)在我国的股票市场上就值得怀疑,而"盘剥假说"(tunneling view,Bae 等,2002)更有可能解释我国上市公司大股东的行为。而蒋东升(2010)通过以用友软件为例,对"高分红"现象的原因进行了研究,结果表明,上市公司的"高分红"并非都是源于大股东的"掏空"行为,而是因为上市公司具有良好的基本面,高分红不是"掏空",而是对投资者的回报。

同时,与激励效应(incentive effect)和堑壕效应(entrenchment effect)(Dyck 和 Zingales,2004)相对应,对于大股东持股比例与公司盈余质量的关系,也存在着两种竞争性假说:一种是监督假说,即随着第一大股东持股比例增加,可以有效地监督管理层机会主义行为,降低代理成本,提高盈余信息的质量(Shleifer 和 Vishney,1997)。另一种是堑壕效应假说,即随着控股股东持股比例的增加,控股股东和中小股东之间的利益冲突增加,会出现第二类代理问题。Fan 和 Wong(2002)通过 1991—1995 年间东亚公司的样本研究发现,控制权和现金流权的分离程度与盈余信息质量负相关,集中的股权结构与盈余质量负相关。国内学者的研究结论也并不一致。王化成和佟岩(2006),杨继伟(2010)等以中国上市公司为样本,实证研究发现,控股股东的持股比例与企业的盈余质量显著负相关。然而,游家兴和罗胜强(2008)的研究则表明,控股股东持股比例与盈余质量的关系是非线性的。

因此,本书认为,大股东持股比例可能对上市公司的盈余质量和现金分配均产生影响,应加以控制。本书的控制变量包括 size(总资产的对数)、rev(营业收入增长率)、ROA(总资产收益率)、age(公司年龄)、lev(产权比率)、concentr1(第一大股东持股比例)、cash(货币资金)

(四) 变量定义表

本书的变量及说明如表 4-1 所示。

表 4-1　变量定义表

变量名代码	含义	说明
被解释变量		
ADA	操控性应计的绝对值	Jones(1991)模型计算的残差项的绝对值
解释变量		
ddiv	是否分配现金股利	若分配现金股利,则为1,否则为0
high	现金股利分配比例是否较高	若现金股利分配比例高于行业年度均值,则为1,否则为0。
控制变量		
size	公司规模	公司总资产的对数
rev	营业收入增长率	公司营业收入比上一年的变动百分比
ROA	总资产收益率	公司净利润/总资产
age	公司年龄	公司自成立开始的年数
lev	产权比率	公司负债/净资产
concentr1	公司第一大股东集中度	年末公司第一大股东持股比例
cash	货币资金持有率	公司年末货币资金/年初总资产

(五) 模型设定

本书使用模型(2)检验 H1,使用模型(3)检验 H2,分析股利分配和盈余质量直接之间的基本关系。

在此基础上,根据公司产权性质将样本分为国有企业和民营企业两组,分别使用模型(2)和模型(3)检验 H3 和 H4,分析产权性质对股利分配和盈余质量之间关系的影响。

$$EQ_{i,t} = \beta_0 + \beta_1 ddiv_{i,t} + \sum \beta_i Controls_{i,t} + \varepsilon_{i,t} \qquad (2)$$

$$EQ_{i,t} = \beta_0 + \beta_1 high_{i,t} + \sum \beta_i Controls_{i,t} + \varepsilon_{i,t} \qquad (3)$$

其中,EQ 为盈余质量,使用 ADA 作为代理变量。

若 H1 成立,则预期模型(2)中的回归系数 β_1 显著为负;

若 H2 成立,则预期模型(3)中的回归系数 β_1 显著为负;

若 H3 成立,则预期国有企业模型(2)中的回归系数 β_1 显著为负;

若 H4 成立,则预期国有企业模型(3)中的回归系数 β_1 显著为负。

第五节　实证结果分析

一、样本的行业及年度分布

(一) 行业及年度分布

使用 ADA 计量盈余质量,样本的行业及年度分布如表 4-2

所示。

表 4-2 样本行业及年度分布

行业代码	年度						
	2007	2008	2009	2010	2011	2012	TOTAL
A	15	16	17	18	16	19	101
B	23	23	26	29	28	29	158
C	356	357	362	373	382	406	2 236
D	35	39	41	43	42	42	242
E	17	15	15	17	20	19	103
F	39	38	39	39	38	47	240
G	36	35	35	33	33	33	205
H	55	58	57	57	57	61	345
J	46	50	43	47	52	48	286
K	12	13	13	15	15	16	84
L	10	9	10	12	12	14	67
M	28	28	26	27	27	27	163
TOTAL	672	681	684	710	722	761	4 230

从样本的年度分布看,呈现逐年增加的特征,2007—2009 年在 680 家左右,2010—2012 年在 730 家左右。从行业分布来看,社会服务业(K)及传播与文化产业(L)的公司较少,样本观测值数目分别为 84 和 67,制造业(C)的样本观测值数目为 2365,约占总数的 52.86%,说明样本公司的选取基本符合我国股票市场的实际现状。制造业业务的复杂性为高管进行盈余管理提供了客观条件,也为分析股利分配和盈余质量的管理提供了很好的制度环境。

(二)产权性质分布

以产权性质分类,样本的分布如表 4-3 所示:

表 4-3　样本产权性质分布

	2007	2008	2009	2010	2011	2012	TOTAL
国企	479	481	484	501	492	508	2 945
民企	193	200	200	209	230	253	1 285
TOTAL	672	681	684	710	722	761	4 230

从表 4-3 可以看出,国企和民企的样本个数之比约为 2∶1,国企在各年的分布较为均匀,民企样本的个数则逐年增加。样本产权性质的分布与我国 A 股上市公司的情况基本吻合。

二、基本统计量

(一)总体统计量

使用 ADA 计量盈余质量,样本的基本统计量如表 4-4 所示。

表 4-4　样本基本统计量

Variable	Obs	Mean	Std. Dev	Min	Med	Max
ADA	4 230	0.162 6	0.211 1	3.24e−05	0.107 9	3.644 6
lnassets	4 230	22.054 7	1.245 9	18.974 0	21.882 4	26.199 0
rev	4 230	0.149 0	0.304 6	−0.648 8	0.123 6	2.487 9
roa	4 230	0.037 8	0.051 4	−0.219 7	0.033 6	0.231 2
age	4 230	13.783 9	4.036 9	2.083 0	14.001 1	25.053 0
lev	4 230	1.420 1	1.280 9	−4.032 7	1.096 0	10.882 4
concentr1	4 230	0.376 4	0.156 5	0.081 1	0.3 608	0.840 0
cash	4 230	0.197 9	0.166 9	4.75e−05	0.153 7	1.420 3

从表 4-4 可以看出,盈余质量 ADA 的均值为 0.162 6,中位数为 0.107 9,样本有明显的右偏,但方差为 0.044 6。公司年龄、杠杆率和公司规模的方差较大,说明这几个变量的样本的分布比较离

散,但中位数和均值都比较接近。此外,公司收入的增长率均值为
14.90%,产权比率超过1.42,说明样本公司具有一定的增长性,且
债务融资倾向较大。

(二)分组比较统计量

为了进一步比较公司状况对是否分配现金股利(ddiv)、现金股
利分配比率高低(high)的影响,以及以上两个解释变量对盈余质量
的影响,将样本数据分别根据ddiv、high的取值分为两组,分别比较
两组数据的盈余质量及各控制变量的均值,结果如表4-5所示:

表4-5　样本以解释变量分组比较

Panel A:以 ddiv 分组					
Variable	ddiv=1, N=257 4(a)		ddiv=0, N=165 6 (b)		Differences(a)-(b)
	Mean	Std. Dev	Mean	Std. Dev	Mean
ADA	0.156 1	0.202 3	0.172 7	0.223 9	-0.016 6***
lnassets	22.408 9	1.191 2	21.504 2	1.123 3	0.904 7***
rev	0.173 5	0.271 4	0.110 8	0.346 7	0.063 7***
roa	0.054 1	0.040 7	0.012 3	0.055 7	0.041 9***
age	13.580 7	4.137 8	14.099 7	3.855 1	-0.519 0***
lev	1.321 5	1.087 0	1.573 4	1.522 1	-0.251 9***
concentr1	0.399 8	0.157 5	0.340 0	0.147 8	0.059 8***
cash	0.215 9	0.174 3	0.169 8	0.150 6	0.046 1***
Panel B:以 high 分组					
Variable	high=1, N=1 856 (c)		high=0, N=2 374 (d)		Differences(c)-(d)
	Mean	Std. Dev	Mean	Std. Dev	Mean
ADA	0.151 5	0.181 4	0.171 3	0.231 4	-0.019 7***
lnassets	22.339 2	1.180 7	21.832 4	1.250 5	0.506 8***
rev	0.149 9	0.259 0	0.148 2	0.336 1	0.001 6***

（续　表）

<table>
<tr><td rowspan="2">Variable</td><td colspan="2">high=1, N=1 856 (c)</td><td colspan="2">high=0, N=2 374 (d)</td><td>Differences(c)－(d)</td></tr>
<tr><td>Mean</td><td>Std. Dev</td><td>Mean</td><td>Std. Dev</td><td>Mean</td></tr>
<tr><td>roa</td><td>0.051 0</td><td>0.038 9</td><td>0.027 4</td><td>0.057 3</td><td>0.023 5***</td></tr>
<tr><td>age</td><td>13.563 1</td><td>4.082 2</td><td>13.956 5</td><td>3.993 6</td><td>－0.393 4***</td></tr>
<tr><td>lev</td><td>1.259 1</td><td>1.025 7</td><td>1.546 0</td><td>1.437 2</td><td>－0.286 9***</td></tr>
<tr><td>concentr1</td><td>0.401 6</td><td>0.156 7</td><td>0.356 6</td><td>0.153 5</td><td>0.045 0***</td></tr>
<tr><td>cash</td><td>0.215 2</td><td>0.174 4</td><td>0.184 3</td><td>0.159 6</td><td>0.030 8***</td></tr>
</table>

Panel B：以 high 分组

注：*、**、***分别表示 10%、5%、1%的显著性水平。

从表 4-5 的 Panel A 可以看出，在 4 230 个观测值中，分配现金股利的有 2 574 个，占 60.85%。从操控性应计的绝对值 ADA 均值来看，分配现金股利公司的显著低于未分配公司（分别为 0.156 1，0.172 7），说明分配现金股利公司的盈余质量显著高于未分配公司，初步支持了 H1。

从控制变量分析，分配现金股利的公司和未分配公司相比，除公司年龄外，其余控制变量均存在显著差异。从均值来看，分配现金股利公司的规模较大（lnassets 更大）、赢利性较强（roa 更大），这与 Fama 和 French（2001）的结果一致。分配现金股利公司的负债率较低（lev 更低），第一大股东的持股比例较高（concentr1 更大），这与 Tong 和 Miao（2011）的结果一致。此外，分配现金股利公司的营业收入增长率较高（rev 更大），与 Fama 和 French（2001）的结果并不一致，本书认为这可能是由于我国上市公司中成长性高的公司盈利能力更强，因此，其分配现金股利的可能性更高。此外，分配现金股利公司的货币资金持有率更高（cash 更大），说明公司持有现金的水平是影响是否分配现金股利的重要因素。

从标准差分析，与未分配现金股利的公司相比，分配现金股利公司的盈余质量、营业收入增长率、盈利能力及负债率的离散程度均较小，说明分配现金股利公司在这些变量的分布上较为均匀，而在公司规模、公司年龄、第一大股东持股比例及货币资金持有率等变量的分布上则较为离散。

从表 4-5 的 Panel B 可以看出，在 4 230 个观测值中，现金股利支付率较高的有1 856个，占 43.88%。从操控性应计的绝对值 ADA 均值来看，现金股利支付率较高的公司显著低于支付率较低的公司（分别为 0.151 5，0.171 3），说明现金股利支付率较高公司的盈余质量显著高于支付率较低的公司，初步支持了 H2。

对控制变量和标准差的分组检验结果与表 4-3 中的 Panel A 类似。

（三）产权性质比较统计量

为进一步比较产权性质对盈余质量、现金股利分配及公司状况的影响，将样本数据根据产权性质分为两组，分别比较两组数据的盈余质量、现金股利分配及各控制变量的均值，结果如表 4-6 所示：

表 4-6　样本以产权性质分组比较

Variable	国有企业，N=294 5（a）		民营企业，N= 128 5(b)		Differences(a)－(b)
	Mean	Std. Dev	Mean	Std. Dev	Mean
ADA	0.148 7	0.183 4	0.194 6	0.261 2	－0.046 0***
ddiv	0.628 9	0.483 2	0.561 9	0.496 4	0.067 0***
high	0.459 1	0.498 4	0.392 2	0.488 4	0.066 9***
lnassets	22.247 2	1.268 4	21.623 6	1.069 8	0.063 4***

（续　表）

Variable	国有企业，N＝294 5（a）		民营企业，N＝ 128 5（b）		Differences（a）－（b）
	Mean	Std. Dev	Mean	Std. Dev	Mean
rev	0.151 2	0.283 6	0.144 0	0.348 1	0.007 2
roa	0.036 5	0.049 2	0.040 7	0.055 9	−0.004 3***
age	13.370 3	4.064 1	14.731 7	3.809 8	−1.361 4***
lev	1.440 8	1.283 6	1.372 8	1.274 0	0.067 9*
concentr1	0.400 5	0.155 2	0.321 1	0.145 2	0.079 4***
cash	0.189 9	0.152 9	0.216 1	0.194 2	−0.026 2***

注：*、* *、* * *分别表示10％、5％、1％的显著性水平。

从表 4-6 可以看出，在 4 230 个观测值中，国有企业有 2 945 个，占 69.62％。从操控性应计的绝对值 ADA 均值来看，国有企业显著低于民营企业（分别为0.148 7，0.194 6），说明国有企业的盈余质量显著高于民营企业，说明我国大部分上市公司的控股股东虽然为国有性质，但这并没有降低上市公司的盈余质量。这一结果和余怒涛等（2008）、杨继伟（2010）等一致，但与王化成和佟岩（2006）并不一致。此外，本书此处进行的分组检验并未考虑其他变量的影响，只是对两组样本数据的初步检验，可能也是造成不同研究中结果差异的原因。

从现金股利分配分析，国有企业中分配现金股利的公司显著高于民营企业，分别为 0.628 9 和 0.561 9。且国有企业中分配现金股利比率较高的公司也显著高于民营企业，分别为 0.459 1 和 0.392 2，说明国有上市公司更倾向于分配现金股利。这一结果和孙刚等（2012）一致。从税收成本角度考虑，作为国有控股上市公司的最终控制人,各级政府同时还是公司所得税和个人所得税的收缴者。作为控股股东的各级政府,不仅可以按照持股比例获得上市公司分配的现金红利,还可以获得与现金红利有关的所得税。同时,上市公司还要代扣代缴分配给个人投资者和基金投资者的红利所得,其现金分红比例越高,政府获得的税收越高,因此,国有控股股东能够获得全部的现金分红,而不受现金分红税收的影响。所以,国有控股上市公司更倾向于分配较高水平的现金红利(孙刚等,2012)。

从控制变量分析,除杠杆率和公司年龄外,其余控制变量均存在显著差异。从均值来看,国有企业的规模较大(lnassets 更大)、盈利能力较差(roa 更小),说明国有控股对公司业绩具有一定的负面影响,与许小年(1997)、刘立国和杜莹(2003)等一致。国有企业第一大股东的持股比例较高(concentr1 更大),这与 Huang 和 Song (2006)的结果一致,说明国有企业中更多的存在着"一股独大"的现象。国有企业的杠杆率更高(lev 更大),同时货币资金持有率更低(cash 更小),说明国有企业的债务融资比率更高,与沈红波等(2011)一致。

从标准差分析,与民营企业相比,国有企业的盈余质量、现金股利分配、营业收入增长率、盈利能力、货币资金持有率的离散程度均较小,说明国有企业在这些变量的分布上较为均匀,而国有企业在公司规模、公司年龄、杠杆率等变量的分布上则较为离散。

综上所述,对以上变量的分组检验表明了其均值之间的差异,也体现了在回归分析中对其进行考虑的重要性。

三、相关系数分析

使用 ADA 计量盈余质量,样本变量的相关系数如表 4-7 所示。

表 4-7　相关系数表

Variable	ADA	ddiv	high	lnassets	rev	roa	age	lev	conentr1	cash
ADA	1									
ddiv	−0.038 4 **	1								
high	−0.046 4 ***	0.707 3 ***	1							
lnassets	−0.046 6 ***	0.354 5 ***	0.201 9 ***	1						
rev	0.042 9 ***	0.100 5 ***	0.002 7	0.109 7 ***	1					
roa	−0.010 8	0.397 7 ***	0.227 4 ***	0.127 7 ***	0.237 4 ***	1				
age	0.050 6 ***	−0.062 8 ***	−0.048 4 ***	−0.051 9 ***	−0.056 5 ***	−0.041 3 ***	1			
lev	0.042 5 ***	−0.096 9 ***	−0.111 2 ***	0.221 7 ***	0.011 4	−0.176 5 ***	0.067 9 ***	1		
concentr1	0.012 4	0.186 6 ***	0.142 8 ***	0.358 9 ***	0.051 9 ***	0.132 0 ***	−0.301 7 ***	0.026 4 *	1	
cash	0.208 7 ***	0.134 9 ***	0.091 6 ***	−0.011 4	0.081 2 ***	0.257 4 ***	−0.066 0 ***	−0.092 6 ***	0.032 7 **	1

注: * 、* * 、* * * 分别表示 10%、5%、1%的显著性水平。

从表 4-7 的相关系数可以看出,是否分配现金股利(ddiv)会对公司的盈余质量产生正向影响,相关系数为−3.84%,且在 5%的水平上高度显著,初步支持了假设 1。同时,现金股利支付率较高也会对公司盈余质量产生正向影响,相关系数为−4.64%,且在 1%的水平上高度显著,初步支持了假设 2。

此外,盈余质量和财务杠杆之间显著负相关,相关系数为 4.25%,公司规模与盈余质量正相关且显著,相关系数为−4.66%,说明大公司的信息透明度会更高,管理更规范和严格,公司高管从事盈余管理的机会更少,所以盈余质量显著提高(罗劲博,2013)。盈余质量和公司成长性、公司年龄显著负相关,盈余质量和第一大股东持股比例的相关系数并不显著。

其余变量之间的相关性与理论预期基本一致。

四、回归分析

(一) 对 H1 和 H2 的回归分析

使用 ADA 计量盈余质量,分别通过模型(2)、模型(3)对假设 1、假设 2 进行回归分析,结果如表 4-8 所示:

表 4-8　H1 和 H2 回归结果

Variable	H1:解释变量=ddiv		H2:解释变量=high	
	Coef.	T	Coef.	T
解释变量	−0.013 6*	−1.8	−0.017 1**	−2.56
lnassets	−0.010 3***	−3.45	−0.010 7***	−3.74
rev	0.033 1***	3.1	0.031 7***	2.95
roa	−0.229 8***	−3.24	−0.242 0***	−3.56
age	0.003 9***	4.76	0.003 9***	4.77
lev	0.009 4***	3.62	0.009 2***	3.53
concentr1	0.078 9***	3.47	0.080 7***	3.55
cash	0.292 3***	14.91	0.292 6***	14.93
_cons	0.246 6***	3.95	0.255 5***	4.22
N	4 230		4 130	
F	34.80		35.24	
R-squared	0.061 9		0.062 6	

注:*、＊＊、＊＊＊分别表示10%、5%、1%的显著性水平。

1. 对 H1 的回归分析

从表 4-8 对 H1 的回归结果可以看出,现金股利分配与操控性应计项目的绝对值 ADA 负相关,相关系数为−0.013 6 且在 10%的水平上显著,说明分配现金股利的企业,其操控性应计项目更小,盈余质量更高,因此,假设 1 得到了支持。这一结果与李卓和宋玉

(2007),Skinner 和 Soltes(2010),Yen H. Tong 等(2011)等一致。

H1 得到验证,说明股利分配本身具有盈余质量信息。Skinner 和 Soltes(2010)以盈余持续性作为盈余质量的代理变量,研究了股利政策与盈余质量的关系,结果发现,支付现金股利的公司所报告的盈余在未来期间更为持续,而且这一效果对大额股利支付率的公司、大型公司以及支付大额股利支付率的大公司更为明显。本书认为,发放现金股利是公司真实的现金流出,若没有相应盈利能力的支撑,低质量的公司模仿高质量公司发放现金股利的成本是高昂的。另一方面,派发现金股利减少了管理层可支配的资金,可在一定程度上避免过度投资的风险,减少自由现金流的代理成本(Jensen,1986);同时,现金股利可在一定程度上降低控股股东利用关联交易或资金占用而侵占中小投资者的可能(李增泉,2004)。而且,从整体而言,随着我国证券市场对投资者利益保护和资本市场投资回报的重视,现金股利已成为绩优公司回馈投资者的一种重要手段(李卓和宋玉,2007)。因此,发放现金股利的上市公司其盈余质量较高,说明现金股利分配具有一定的盈余质量信息。

同时,可操控性应计项目 ADA 与公司规模显著负相关,说明规模较大的公司盈余质量较高,与罗劲博(2013)一致。ADA 与第一大股东持股比例显著正相关,说明第一大股东持股比例越高,盈余质量越低,与王化成和佟岩(2006)等结果一致。说明在我国,第一大股东的堑壕效应(entrenchment effect)更显著,这可能与我国上市公司"一股独大"现象有关,第一大股东有强烈的动机和足够的能力掠夺中小股东的利益,导致盈余质量下降。

此外，ADA 与财务杠杆显著正相关,说明负债率对盈余质量会产生负向影响,与 Collins 等（1980）一致,说明企业的债务契约会影响会计选择（Watts，1977）,负债率越高的公司,越有可能对盈余进行操纵。ADA 与公司成长性显著正相关,说明公司的成长性越高,进行盈余管理的程度越高,与 Richardson（2000）一致。而 Dechow 和 Skinner（2000）研究也表明,当公司管理层有特定的增长目标时,其平滑各年度收入以达到稳定增长的动机就更强。

2. 对 H2 的回归分析

从表 4-8 对 H2 的回归结果可以看出,现金股利分配率的高低与操控性应计项目的绝对值 ADA 负相关,相关系数为－0.017 1 且在 5% 的水平上显著,说明现金股利分配率较高的企业,其操控性应计项目更小,盈余质量更高,因此,假设 2 得到了支持。这一结果与 Tong 和 Miao（2011）一致,但是与李卓和宋玉（2007）结论并不一致。

李卓和宋玉（2007）的研究表明,股利支付率的大小与盈余持续性强弱并不成简单线性关系。股利支付率高的公司在盈余的整体及其组成部分上并未表现出更强的盈余持续性,而股利支付率低（但非极端值）的公司则在一定程度上表现出比正常股利支付率的公司更弱的盈余持续性。本书认为这一差异可能由以下原因造成:

（1）对盈余质量使用的代理变量不同。李卓和宋玉（2007）采用的是"盈余持续性"的概念,即使用盈余（净利润）的一阶自回归模型来计量盈余质量,该方法在文献中的使用并不普遍,而本书使用的是 Jones（1991）模型,是基于总应计项目的分析,两者考察的视角并不相同,相较而言,Jones（1991）模型是更为典型的计量方法。

(2) 对现金股利支付率高低的定义不同。李卓和宋玉(2007)将股利支付率最高的 5% 和最低的 5% 分别定义为高派现和低派现的样本公司,其他支付了现金股利的公司则划归为中等派现公司。而本书则是在考虑所有样本公司的基础上(包括了分配和未分配现金股利的公司),将现金股利支付率高于本年度、本行业支付率均值的公司定义为高支付率公司,否则,则定义为低支付率公司。

(3) 样本选取的差异性。李卓和宋玉(2007)选取的是 2000—2004 年度上市公司,且仅包含当年盈利的公司,而本书选取的样本公司数据为 2007—2012 年,且并未局限于当年盈利公司。两个期间的一个显著差异就是股权分置改革的影响。

股权分置改革始于 2005 年 5 月,是我国资本市场上的一个重大的基础性制度变革,至 2008 年,绝大部分上市公司股改工作已经完成,市场进入后股权分置时代(杨继伟,2010)。股权分置下,公司股票有流通股和非流通股之分,而已有研究表明,非流通股比例的高低对公司盈余质量和股利政策均有显著影响。陈小悦和徐晓东(2001)发现,在公司治理对外部投资人缺乏保护的背景下,流通股比例与公司业绩存在负相关关系;陈晓和江东(2000)研究表明,在竞争激烈的行业中,流通股比例与公司业绩显著正相关;刘立国和杜莹(2003)发现,流通股比例的增加会降低上市公司舞弊的可能性。徐国祥和苏月中(2005)的分析表明,在股权分置的情况下,现金股利能否保护中小投资者利益,取决于现金股利政策主要受非流通股股东的偏好还是流通股股股东的偏好,并造成我国上市公司现金股利支付极不稳定。Lee 和 Xiao(2002)、李增泉(2004)等学者的研究也表明,非流通股持股比例对上市公司股利政策有显著影响。所以,股权分置改革后,随着上市公司流通股比例的增加,对现金股利分配与盈余质量之间的关系会造成一定的影响。

因此,本书在研究数据和研究方法上对李卓和宋玉(2007)进行了拓展,在研究结论上的差异性不仅丰富了有关现金股利信息含量的研究,也正体现了本书的意义所在,为后股权分置时代下现金股利分配和盈余质量之间的关系提供了经验证据。

对盈余质量与控制变量的回归结果分析与 H1 类似。

(二) 对 H3 和 H4 的回归分析

使用 ADA 计量盈余质量,根据产权性质将样本数据分为国有企业和民营企业两组,分别通过模型(2)、模型(3)对假设 3、假设 4进行回归分析,结果如表 4-9 所示:

表 4-9　H3 和 H4 回归结果

Variable	H3:解释变量＝ddiv		H4:解释变量＝high	
	民营企业	国有企业	民营企业	国有企业
解释变量	−0.013 61 (−0.81)	−0.013 5* (−1.70)	−0.008 2 (−0.53)	−0.019 7*** (−2.84)
lnassets	−0.013 4* (−1.74)	−0.005 9* (−1.94)	−0.014 8** (−2.01)	−0.006 2** (−2.13)
rev	0.012 1 (0.57)	0.045 2*** (3.77)	0.012 0 (0.57)	0.043 5*** (3.62)
roa	−0.513 2*** (−3.59)	−0.102 0 (−1.31)	−0.548 4*** (−3.91)	−0.108 5 (−1.46)
age	0.006 1*** (3.19)	0.002 4*** (2.73)	0.006 1*** (3.22)	0.002 3*** (2.72)
lev	0.003 0 (0.53)	0.011 9*** (4.35)	0.003 3 (0.57)	0.011 4*** (4.16)

（续　表）

Variable	H3:解释变量＝ddiv		H4:解释变量＝high	
	民营企业	国有企业	民营企业	国有企业
concentr1	0.166 7 *** (3.25)	0.059 9 ** (2.48)	0.168 8 *** (3.30)	0.061 4 ** (2.55)
cash	0.317 7 *** (8.24)	0.268 9 *** (12.12)	0.317 3 *** (8.23)	0.269 0 *** (12.15)
_cons	0.296 3 * (1.87)	0.161 5 ** (2.53)	0.321 7 ** (2.10)	0.170 0 *** (2.74)
N	1 285	2 945	1 285	2 945
F	11.03	24.62	10.98	25.31
R-squared	0.064 7	0.062 9	0.064 4	0.064 5

注:*、* *、* * *分别表示 10%、5%、1%的显著性水平。

1. 对 H3 的回归分析

从表 4-9 对 H3 的回归结果可以看出,民营企业的现金股利分配对盈余质量的影响,尽管方向上与国有企业的表现一致,但并不显著,说明民营企业的现金分配与盈余质量没有显著关系。而国有企业的现金分配 ddiv 的估计系数为－0.013 5,且在 10%水平上显著,说明国有企业的现金分配与盈余质量存在显著正相关关系,因此,假设 3 得到了支持。

假设 3 得到支持,说明在不同产权性质的企业中,现金股利和盈余质量之间的关系确实存在显著差异。假设 1 得到支持,说明现金股利可在一定程度上约束管理层的盈余操纵,提高盈余质量;在此基础上,假设 3 得到支持,说明相比于民营企业,这种约束作用在国有企业中更显著。

从控股股东的角度分析,在国有企业中由于终极所有者缺位和官员监督中的"廉价投票权",国有控股公司更容易出现内部人控制问题;同时,由于国家控股,政府干预也在所难免(王烨,2010)。因此,国有企业中的信息不对称现象往往更为严重,治理问题也更为复杂。而现金股利作为降低代理成本的一种手段(李增泉,2004),其在国有企业中的作用可能更为显著。从管理层角度分析,在国有企业中,除一般的盈余操纵动机外,还有为了加强政治关联而操纵的动机(罗劲博等,2013),而现金股利分配是真实的现金流出,也是对管理层机会主义动机的一种有力约束,在国有企业中,这种约束作用比在民营企业中更显著。因此,相比于民营企业,国有企业中现金股利分配与盈余质量之间的关系更显著。

对于盈余质量与控制变量之间回归结果的分析,与表4-6类似。

2. 对 H4 的回归分析

从表4-9对 H4 的回归结果可以看出,民营企业的现金股利分配率高低对盈余质量的影响,尽管方向上与国有企业的表现一致,但是并不显著,说明民营企业的现金分配率高低与盈余质量没有显著关系。而国有企业的现金分配率高低 high 的估计系数为$-0.019\,7$,且在 1% 水平上显著,说明国有企业的现金分配率高低与盈余质量存在显著正相关关系,因此,假设 4 得到了支持。

假设 4 得到支持,说明在不同产权性质的企业中,现金股利分配率高低和盈余质量之间的关系确实存在显著差异。假设 2 得到支持,说明现金股利分配率高的公司,其对管理层盈余操纵的约束更强,从而提高盈余质量;在此基础上,假设 4 得到支持,说明相比于民营企业,这种约束作用在国有企业中更显著。原因分析与假设 3 类似。

对于盈余质量与控制变量之间回归结果的分析,与表 4-6 类似。

五、稳健性检验

(一) 以 AAQ(操控性流动应计的标准差)计量盈余质量

1. 使用 Dechow 和 Dichev(2002)模型作为盈余质量的代理变量

Dechow 和 Dichev(2002)模型如下:

$$TAC_{i,t} = \beta_0 + \beta_1(CFO_{i,t-1}/TA_{i,t}) + \beta_2(CFO_{i,t}/TA_{i,t})$$
$$+ \beta_3(CFO_{i,t+1}/TA_{i,t}) + \beta_4(\triangle REV_{i,t}/TA_{i,t})$$
$$+ \beta_5(PPE_{i,t}/TA_{i,t}) + \varepsilon \qquad (4)$$

其中,TCA 为流动性应计,TCA =(本期流动资产的变化 — 本期现金流量的变化)—(本期流动负债的变化 — 短期债务的变化),TA 为总资产,CFO 为经营活动净现金流量,$\triangle REV$ 为收入的变化,PPE 为固定资产总额。

与对模型(1)的估计类似,通过对模型(4)的估计,可以得到残差项,即可操控性流动性应计项目(AQ)。在此基础上,通过时间序列计算第($t-3$)到第 t 期残差项的标准差,可得到第 t 期盈余质量的第二个代理变量 AAQ,AAQ 的值越大,表明公司的盈余质量越差。

模型(1)和模型(4)盈余质量代理变量的差异:正如 Dechow 和 Dichev(2002)所指出的,模型(4)更关注现金流操控的影响。该模型可以反映流动性应计项目与上一期、本期及未来现金流之间的匹配程度,任何对应计项目的操控都会降低这种匹配性,进而降低公司支付现金流的能力。同时,会计应计项目平滑了现金流的确认,从而可以更好地反映当期经营业绩,并更好的预测未来业绩,模型(4)也与该观点一致。

2. 对本书假设的稳健性检验

以 AAQ 计量盈余质量,对本书假设进行检验,结果如表 4-10 所示:

表 4-10　AAQ 回归结果

Variable	H1:解释变量＝ddiv	H2:解释变量＝high	H3:解释变量＝ddiv		H4:解释变量＝high	
	Coef.	Coef.	民营企业	国有企业	民营企业	国有企业
解释变量	−0.017 8***	−0.008 0*	−0.022 5**	−0.015 2***	−0.008 8	−0.007 8*
	(4.06)	(−1.95)	(−2.54)	(−3.06)	(−1.01)	(−1.72)
lnassets	−0.001 7	−0.003 3*	−0.002 4	0.000 6	−0.005 1	−0.000 6
	(−0.94)	(−1.86)	(−0.58)	(0.28)	(−1.24)	(−0.29)
rev	0.035 4***	0.035 3***	0.044 4***	0.031 4***	0.045 0***	0.031 1***
	(5.58)	(5.55)	(3.73)	(4.25)	(3.76)	(4.19)
roa	−0.038 1	−0.069 9*	−0.219 8***	0.040 8	−0.253 3***	0.012 4
	(−0.90)	(−1.68)	(−2.80)	(0.82)	(−3.24)	(0.26)
age	0.001 7***	0.001 7***	0.001 5	0.001 2**	0.001 5	0.001 3**
	(3.17)	(3.25)	(1.37)	(2.06)	(1.43)	(2.10)
lev	0.000 7	0.001 1	−0.004 5	0.002 7	−0.003 9	0.003 0*
	(0.41)	(0.70)	(−1.33)	(1.49)	(−1.16)	(1.68)
concentr1	0.099 1***	0.098 2***	0.177 4***	0.079 8***	0.180 3***	0.078 1***
	(7.36)	(7.28)	(6.47)	(5.18)	(6.56)	(5.07)
cash	0.140 1***	0.138 7***	0.165 6***	0.113 6***	0.163 3***	0.112 6***
	(12.69)	(12.54)	(8.78)	(8.22)	(8.64)	(8.13)
_cons	0.071 2*	0.100 3***	0.088 0	0.026 9	0.137 1	0.047 9
	(1.88)	(2.70)	(1.03)	(0.64)	(1.62)	(1.16)
N	2 768	2 768	833	1 935	833	1 935
F	33.92	32.19	18.21	17.34	17.43	16.39
R-squared	0.089 5	0.085 4	0.150 3	0.067 2	0.144 7	0.064 1

注:*、**、***分别表示10%、5%、1%的显著性水平。

从上表可以看出,以 AAQ(操控性流动应计的标准差)计量盈余质量,对 H1 和 H2 进行检验的结果显示 AAQ 与 ddiv、high 的回归系数均显著为负,说明分配现金股利和现金股利支付率较高的公司,其 AAQ 较低,盈余质量较高,H1 和 H2 均得到支持。

此外,以 AAQ(操控性流动应计的标准差)计量盈余质量,对 H3 进行检验的结果与表 4-9 基本一致,即相比于民营企业,国有企业 AAQ 与 ddiv 的回归系数绝对值更大,且显著性更强,说明相比于民营企业,国有企业现金股利分配与盈余质量之间的关系更显著,H3 得到支持。

以 AAQ(操控性流动应计的标准差)计量盈余质量,对 H4 进行检验的结果与表 4-9 一致,即对于民营企业,虽然 AAQ 与 high 的回归系数为负,但是并不显著,而国有企业 AAQ 与 high 的回归系数则显著为负。说明相比于民营企业,国有企业现金股利分配率高低与盈余质量之间的关系更显著,H4 得到支持。

第六节　本　章　小　结

本书使用 2007—2012 年上证 A 股公司的样本,研究了现金股利分配对公司盈余质量的影响,并考虑了不同产权性质下,两者之间的关系是否存在差异。结论如下:

(1)相比于不支付股利的公司,分配现金股利的公司具有更高的盈余质量;相比于分配率较低的公司,现金股利分配率较高的公司具有更高的盈余质量。

（2）相比于民营企业，国有企业分配现金股利的公司具有更高的盈余质量；相比于民营企业，国有企业现金股利分配率较高的公司具有更高的盈余质量。

随着中国上市公司分红新政的出台，强制性"现金分红承诺"已成事实，政策导向清晰。而国内学者的研究集中于公司现金分红与否或多分少分的原因，对于现金股利与公司盈余质量之间的关系却鲜有研究。因此，本书提高了对现金股利在公司治理中所发挥作用的认识。在此基础上，进一步考虑了企业产权性质这一外部制度环境对两者关系的影响，丰富了不同产权性质的企业现金分配与盈余质量之间关系的相关文献，为改善公司股利分配问题和提高公司盈余质量，提供了新的视角和思路。

此外，本书的研究结论也具有一定的现实意义。首先，现金股利分配使得公司更难使用会计方法操纵利润，有助于盈余质量的提高。其次，应客观评价证监会目前对于上市公司 IPO 时"强制现金分红承诺"的政策意义，通过理论分析及实证检验等各种方法，分析其对公司行为的影响，及在此基础上可能导致的经济后果。最后，上市公司自身应努力加强公司治理水平，根据公司实际情况制定合适的股利政策，并积极通过内外部监督，提高盈余质量。

第五章
红利税差异化征收、投资者结构与企业价值

第一节 引 言

提高资本市场的投资价值是政府对资本市场实施监管的主要目标,红利税作为一种个人所得税,是政府通过财税手段调控资本市场的重要手段。十八届三中全会指出要以结构性减税推动结构调整与改革,那么对红利税进行改革能否利用税收杠杆,增强资本市场的投资价值和吸引力? 我国资本市场成立时间较短,长期以来的分红政策不健全和规范,对于红利税改革仅有一些规范性的理论分析,尚无文献对这一问题进行实证检验。

在外生的促进资本市场发展的政策中,红利税是政府实现资本市场发展目标的典型工具。西方关于红利税改革与市场反应关系的研究很多(Ayers 等,2002;Auerbach 和 Hassett,2005;Dhaliwal

等，2007），相关研究表明红利税是影响资本市场发展的重要因素。2012 年 11 月 16 日，财政部、国税总局、证监会发布《关于实施上市公司股息红利差别化个人所得税政策有关问题的通知》（以下简称《通知》），对于红利税的税率和税基做出重大调整。调整前个人投资者和证券投资基金减按 50％计算应纳税所得额，调整后个人和证券投资基金持股期限在 1 个月以内（含 1 个月）的，其股息红利所得全额计入应纳税所得额；持股期限在 1 个月以上至 1 年（含 1 年）的，暂减按 50％计入应纳税所得额；持股期限超过 1 年的，暂减按 25％计入应纳税所得额，上述所得统一适用 20％的税率计征个人所得税。这一政策体现了十八届三中全会提出的结构性减税的精神，不仅降低投资者承担的税负，还通过引导调节市场参与者的行为，推进资本市场的发展。具体来说，红利税改革后长期价值投资者承担的红利税降低，而短期炒作行为的成本将会提高。从公司层面分析，红利税差别化征收有望提高市场对于大盘蓝筹股的估值，形成价值投资的理念，为十八届三中全会提出的提高直接融资比例的目标提供市场基础。这一外生政策变化为基于外在红利税改革观察红利税对于公司估值的影响提供了难得的研究契机。西方理论预测红利税改革能够提高了现金股利的估值效应，那么本次红利税改革是否达到了同样的效果？进一步，由于不同公司的投资者类型不同，未来承担的红利税率可能存在差异，那么不同类型的公司分配政策的估值效应是否一致？

　　本书的研究从公司分配政策的估值效应这一角度检验了红利税改革对资本市场的影响，发现财税政策对资本市场发展的起了导向作用,为监管部门推出进一步的政策提供了经验证据。此外,本书认为优化资本市场投资者结构,培育机构投资者,有利于普及价值投资的理念。本书为引导价值投资的理念提供了思路,也对转型经济国家的政策制定具有重要的借鉴意义。

第二节　文　献　综　述

红利税影响投资者对公司的估值吗? 这一问题不仅是西方学者的研究热点,也是监管当局出台政策的重要依据。一些学者的研究支持了红利税的存在会影响公司的价值,例如 Dhaliwal 等(2003)发现股息率越高的公司市场回报越好,这种正向关系主要集中在投资者承担的红利税较重的公司,支持了红利税的存在降低了投资者的收益,提高了公司的融资成本。Elton 和 Gruber(1970)也发现公司在除息日股价的下降低于现金股利,下降的幅度和投资者承担的红利税有关。但一些学者的研究提出了相反的证据,例如 Naranjo 等(1998)发现股票回报和股息率之间存在正相关关系,但是这种关系在红利税政策变化前后没有发生变化,不支持红利税会影响公司的估值。Kalay(1982)认为除息日股价的下降是因为存在交易成本,和红利税税率变化无关(Eades 等,1994)。Frank 和 Jagannathan(1998)也发现即使在不存在红利税的市场,除息日股价的下降依旧低于现金股利。20 世纪 90 年代至今,美国政府对红利税进行了两次大的改革,基于这两次变革,西方学者的进行了大量的研究。例如，1993 年美国政府宣布将个人所得税率从 31％提高到39.6％，高股息率公司的市场价值显著下降（Ayers 等，2002）。2003 年美国政府出台的《就业和经济增长减税协调法案》（以下简称《减税法案》），大幅度降低了个人投资者承担的红利税，美国政府希望通过提高投资者的实际回报率，降低企业的融资成本，促进企业的投资行为。这一新政对企业的价值产生了显著的影响（Chetty 等，2007）。Chetty 等（2007）发现《减税法案》生效前（后），公司除息日股价的下降程度低（高），说明《减税法案》提高了投资者的实际收益率。Auerbach 和 Hassett（2005）考察了《减税法案》颁布期间市场的反应，发现股息率越高的公司累计超额收益率越高，说明《减税法案》提高了高股息率公司的市场价值。此外，《减税法案》还降低了美国上市公司约 1.02％的融资成本（Dhaliwal 等，2007）。

　　上述文献考查了西方成熟的资本市场红利税对于公司价值的影响，尚无文献对新兴市场进行检验。目前，国内关于红利税对上市公司估值效应影响的研究比较匮乏，对现金股利的估值效应的解释主要是委托代理理论和剩余股利理论（吕长江，2008），例如李常青等（2010）利用证监会出台政策鼓励上市公司分红的契机，考察了市场反应，发现市场对于"半强制分红"政策感到失望，一定程度上支持了剩余股利理论能够解释现金股利的估值效应。杨熠和沈艺峰（2004）考察了 1994 年至 2001 年的 962 次现金股利公告，认为自由现金流代理成本较好地解释了市场做出的反应。总体来说，红利税对现金股利估值效应影响尚无经验证据，更无文献基于证券基金持股角度研究红利税对上市公司估值效应的影响。

第三节　理论分析与研究假设

为了考察红利税对上市公司估值的影响,如图 5-1 所示,本书首先考察了新政颁布期间市场对于不同股利政策公司的反应,然后在此基础上进一步考察证券基金持股是否影响公司价值和股利政策之间的敏感性。

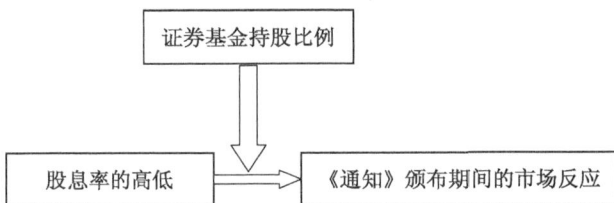

图 5-1　本章研究逻辑框架图

(一)红利税与资本市场的投资价值:红利税改革分析

1. 红利税差别征收与公司估值

本书以 2012 年 11 月 16 日财政部、国税总局、证监会发布的《通知》为研究背景,考察红利税改革的市场反应。本次红利税改革的目的在于差别化征收股息红利税。改革前,根据 2005 年财政部国家税务总局关于股息红利个人所得税的通知(以及补充),个人投资者和证券投资基金减按 50% 计算应纳税所得额,改革后个人和证券投资基金持股期限在 1 个月以内(含 1 个月)的,其股息红利所得全额计入应纳税所得额;①持股期限在 1 个月以上至 1 年(含 1 年)的,暂减按 50％计入应纳税所得额;持股期限超过 1 年的,暂减按 25％计入应纳税所得额。上述所得统一适用 20％的税率计征个人所得税。举个例子,某投资者 2013 年 1 月 10 日买入 A 股,如果 2013 年 2 月 10 日卖出,则持股期限为 1 个月;如果 2013 年 2 月 10 日以后卖出,则持股期限为 1 个月以上;如果在 2014 年 1 月 10 日卖出,则持股期限为 1 年;如果 2014 年 1 月 10 日之后卖出,则持股期限为 1 年以上。和美国 2003 年实施的红利税改革相比,我国实施的红利税改革有很大的差异。不仅使一部分投资者未来承担的红利税率提高,还使另一部分投资者未来承担的红利税率降低。

按照西方学者的推断,当承担红利税的投资者能够影响股票价值时,红利税的降低提高了高股息率公司投资者的实际收益率,从而提高了这类公司的投资价值(Zodrow,1991)。由于拥有大量具备成熟价值投资理念的投资者,美国资本市场成为世界上最具有吸引力的资本市场,这为处于转型期间的中国提供了启示。随着证监会对上市公司分配行为的引导,②上市公司越来越愿意以现金分红的形式回报投资者。股利政策的稳定性和规范性逐渐提高,使得现金分红的信号作用越来越明显,为投资者长期价值投资创造了前提条件。在此基础上出台的股息红利按持有期限实行差别化的个

---

①　我们没有考察 2005 年红利税改革的市场反应,因为个人投资者(证券投资基金)的红利税条文的颁布日期分别为 2005 年 6 月 13 日(2006 年 6 月 24 日),用事件研究法很难将政策的实际效果从总体效果中区分出来。

②　鉴于长期以来上市公司忽视对投资者的现金股利回报,从 2012 年起,证监会要求上市公司在公司章程中向股东承诺未来的分红政策,为投资者提供了较为明确的现金分红预期,强化了未来股利政策的持续性和规范性。

人所得税征收政策,会通过影响投资者心理预期,改变投资者持股期限、为引导长期投资发挥积极作用。随着价值投资的理念得到巩固,高派红公司将受到市场的更多关注。基于上述分析,我们提出如下假设:

假设1:在《通知》颁布期间,市场对高股息率的公司给出了正面的反应。

2. 投资者结构与红利税敏感性分析:公司价值的分析

中国和美国上市公司的投资者结构存在明显差别,中国资本市场以个人投资者为主,[①]美国资本市场以机构投资者为主,个人投资者以短线操作为主而机构投资者则更倾向长期持有。[②] 红利税改革之后,不同类型的投资者承担的红利税不同,导致投资者类型不同的公司的市场反应也不同。具体来说,基金股票总体换手率明显低于个人投资者的平均水平,持有不足1个月股票比例很低,因此股票红利税新规总体上可以降低基金税负,提高基金收益水平。根据西方学者的推论,投资者收益率的提高会降低公司未来的融资成本,是一个利好消息。其次,基金公司持股能够起到稳定股价波动性的作用,减少投资者未来收益的不确定性,提升现金股利和公司估值之间的关系。基于上述分析,我们提出如下假设:

假设2:在《通知》颁布期间,当证券投资基金持股比例较高(低)

---

① 2007年资本市场发展报告指出:上海证券交易所2007年1月至3月现金及持股市值在100万元以下的个人投资者的持股账户数量占总数的98.8%,持股市值占总市值的40.9%。
② 2007年资本市场发展报告指出:2007年1～3月上海证券交易所持股市值在10万元以下的个人投资者持有股票超过3个月的比例为10%,证券投资基金持股期限超过3个月的比例为40%。

时,公司的股息率和累计超长收益之间的关系(不)显著。

第四节　研　究　设　计

(一) 样本与数据

1. 样本期

新的红利税政策于 2012 年 11 月 16 日正式颁布并于 2013 年 1 月 1 日正式实施,我们考察了 11 月 16 日《通知》颁布期间上市公司的短期市场反应,本书使用的财务数据均为 2011 年年报数据。

2. 样本筛选

为了检验上述假设,本书选取 A 股上市公司为研究对象。截止 2011 年底,A 股共有上市公司 2456 家,在此基础上,执行如下筛选程序:(1)剔除金融类上市公司,金融企业由于财务状况、资产结构与其他企业存在系统性差异,故将其剔除;(2)剔除在 2011 年 12 月 31 日以后首发上市的企业;(3)剔除了资不抵债的公司;(4)剔除了亏损的公司。最后我们共获得 1666 个有效公司样本。此外,为了控制极端值的影响,我们对连续变量 1% 以下和 99% 以上的分位数进行了缩尾处理(Winsorize)。

3. 事件研究法

本书采用事件研究法来考察《通知》颁布期间的短期市场反应,具体而言:(1)时间窗口的选择。我们以 2012 年 11 月 16 日作为事件日,选取(-5,+5)作为研究期间。(2)估计窗口的选择,和李常青等(2010)一致,我们选择(−155,−6)一共 150 个交易日作为估计窗口。(3)正常收益率估计模型的选择,我们选取市场模型作为股票正常收益率的预测模型,其中,日个股收益率是考虑了现金分红、送股、配股等因素后的收益率;对于市场指数收益率,我们选择国泰安数据库提供的上海 A、深圳 A 和创业板对应的考虑现金红利再投资的日市场回报率(总市值加权平均法)。根据上述标准,我们计算了每家样本公司在(−5,+5)时窗内的日超额收益率和累计超额收益率。

(二) 模型与变量

为了检验假设 1,我们采用构建如下多元回归模型:

模型 1:$CAR = \alpha + \beta_1 Div\_Yield + \Sigma\beta_j Control + \varepsilon$

其中 CAR 是被解释变量,衡量红利税改革的市场反应,定义为(−5,+5)时窗内的累计超额收益率。Div_Yield 是解释变量,定义为 2011 会计年度的股息率。根据假设 1,红利税改革政策颁布期间,市场给予高股息率的公司正面的反应,则股息率(Div_Yield)的系数应该为正并且显著。

为了检验假设 2,我们根据 2011 年年末上市公司基金持股比例数(Institution)的高低把样本公司分成了 4 组,并用模型 1 对持股比例最高(低)的公司组进行了检验。根据假设 2,公司累计超额收益率和股息率之间的关系受到持股比例的影响,则在基金持股比例高的公司 Institution 的系数应该为正并且统计显著。$\Sigma\beta_j Control$ 表示控制变量,具体包括:(1)公司规模(Size),定义为总资产的自然对数;(2)负债水平(LEV),定义为资产负债率;(3)盈利能力(ROA),定义为总资产收益率;(4)公司的成长性(Growth),定义为销售收入的增长率;(5)现金流水平(Cash),定义为经营活动产生的净现金流量净额比总资产;(6)融资需求(SEO),如果样本公司 2012 年进行了再融资则定义为 1,否则为 0。

第五节　实证结果分析

(一)描述性统计

表 5-1 列示了有关变量的描述性统计结果。由表 5-1 可知,1666 个样本中,累计超额回报率(CAR)的均值为 0.029,不同企业的累计超额回报率存在较大差异,最大值(0.18)比最小值(−0.15)大 0.33。DIV_YIELD 的均值为 0.01,说明每年发放的现金股利只占资本市场总市值的 1%。FUND_RAT 的均值为 5.6%,最大值(37.56%)比最小值(0)大 37.56%,说明不同企业证券基金投资者的持股比例差异很大。在控制变量中,SIZE、ROA、LEV、GROWTH、CASH 的最大值与最小值之差都比较大,表明不同企业在规模、绩效、负债水平、成长性、现金流均存在较大差异。

表 5-1　描述性统计

变量	N	均值	最小值	最大值	方差
CAR	1 666	0.029	−0.15	0.18	0.05
DIV_YIELD	1 666	0.01	0	0.05	0.01
FUND_RAT(%)	1 666	5.6	0	37.56	7.62
SIZE	1 666	21.98	19.85	25.8	1.23

（续　表）

变量	N	均值	最小值	最大值	方差
ROA	1 666	0.06	0	0.2	0.04
LEV	1 666	0.43	0.03	0.85	0.22
GROWTH	1 666	0.27	−0.43	3.2	0.45
CASH	1 666	0.03	−0.19	0.24	0.08
SEO	1 666	0.07	0	1	0.25

（二）《通知》颁布期间累计超额收益率（CAR）分析

我们接下来分析了《通知》颁布期间不同股息率水平的公司的累计超额收益率。根据有效市场理论以及现实存在"泄露"的倾向，如果红利税改革推进了价值投资的理念，那么高股息率的公司在《通知》颁布前后有正的超额累计收益。图5-2显示，高股息率公司在《通知》颁布期间呈 U 型走势。《通知》颁布的当天市场开始有正面反应，并在之后的一直保持正的累计超额收益率（最高达到了0.50%）。其中 CAR(−5,+5) 为 0.26%，且在 10% 水平上显著。股息红利差别化征收是一种结构性的减税，是一种制度创新，鼓励长期投资，对于高股息率的公司（例如：蓝筹股）是利好消息。总体而

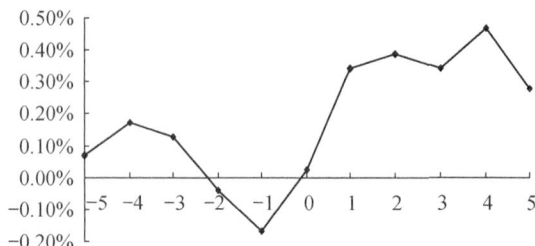

图 5-2　《通知》颁布期间高股息率公司的市场反应

言,《通知》颁布期间的资本市场走势来看,红利税提高了高股息率公司的价值,初步支持了假设1。

为了进一步验证红利税改革的市场反应,我们还统计了《通知》颁布期间低股息率水平的公司的累计超额收益率(图5-3)。其中,CAR(−5,+5)为−0.09%,且不显著。符合我们的预期,红利税改革对于低股息率的公司的价值几乎不产生影响。

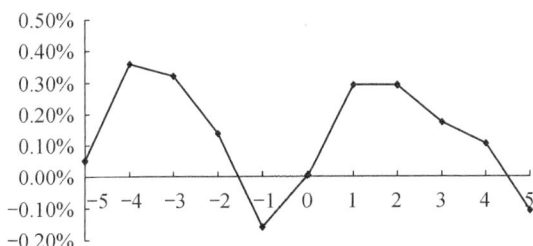

图5-3 《通知》颁布期间低股息率公司的市场反应

(三)累计超额收益率和股息率关系

表5-2为累计超额收益率和股息率关系的回归结果,模型(1)在控制企业规模(SIZE)、企业绩效(ROA)、企业负债水平(LEV)、企业成长性(GROWTH)等控制变量的基础上,加入了股利率(DIV_YIELD),以检验不同股利政策的公司在红利税改革期间市场反应的差异。

观察表5-2的回归结果可知,在模型(1)中,股利率(DIV_YIELD)的系数为正(0.255),且在5%水平上统计显著,这与假设1的预期一致,这表明红利税改革后,回报股东意识更强的公司更加受到市场的认可。

表 5-2 政策颁布期间累计超额回报率和股息率的关系

变量	预测符号	模型(1)	
DIV_YIELD	+	0.255	(1.94)**
SIZE	?	0.004	(3.35)***
ROA	?	−0.233	(−5.86)***
LEV	?	−0.025	(−2.95)***
GROWTH	?	−0.004	(−1.49)
CASH	?	−0.044	(−2.32)**
SEO	?	0.005	(0.90)
常数项	?	−0.068	(−2.69)***
样本量		1 666	
Adj−R^2		0.038	

注:括号内的值为相应的 t 值;***、**、* 表示在 1%、5%、10%的水平上显著,有预测符号的为单尾检验,否则为双尾检验。

(四) 证券投资基金持股和股息率敏感性

表 5-3 报告了不同基金持股比例公司组的股息率敏感性,以检验市场反应和股息率之间的关系是否受到证券基金持股比例的影响。

观察表 5-3 的回归结果可知,股利率(DIV_YIELD)的系数在基金持股比例高的公司组为正(0.466),且在 5%水平上统计显著。在基金持股比例低的公司组,股利率(DIV_YIELD)的系数为正(0.076),但不显著,这与假设 2 的预期一致,这表明公司的股息率敏感性受到证券基金持股比例的影响,股息率敏感性在基金持股比例高的公司组更强。

表 5-3　　基金持股、累计超长回报率和股息率的关系

变量	预测符号	基金持股比例低的公司组	基金持股比例高的公司组
DIV_YIELD	+	0.076	0.466
		(0.27)	(1.81)**
SIZE	?	−0.000	0.009
		(−0.02)	(3.00)***
ROA	?	−0.124	−0.091
		(−1.51)	(−1.17)
LEV	?	−0.044	−0.021
		(−3.03)***	(−0.98)
GROWTH	?	−0.005	−0.004
		(−0.81)	(−0.73)
CASH	?	−0.050	−0.145
		(−1.79)*	(−3.71)***
SEO	?	−0.013	−0.001
		(−0.93)	(−0.08)
常数项	?	0.033	−0.203
		(0.63)	(−3.18)***
样本量		416	416
Adj−R2		0.034	0.079

注:括号内的值为相应的 t 值;***、**、* 表示在 1%、5%、10% 的水平上显著,有预测符号的为单尾检验,否则为双尾检验。

(五) 稳健性检验

为了检验上述结论的稳健性,我们还进行了如下敏感性检验:

(1) 考虑到模型中可能存在多重共线性问题。本书对所有模型的方差膨胀因子(VIF)进行了观察,发现所有自变量的方差膨胀因子均小于 2.51,表明模型中并不存在严重的多重共线性问题。

(2) 变量替换。本书分别使用净资产收益率(ROE)替换总资产收益率(ROA)来衡量企业绩效,以营业总收入的自然对数表示公司

规模,主要研究结论不变。

(3) 事件研究的主要缺点是实证结果对于 CAR 窗口的选择有较强的敏感性,回归结果可能因为 CAR 时窗的长短不同而大相径庭(李常青等,2010)。我们尝试以(-3,+3)的 CAR 进行回归,并不改变本书的主要结论(考虑篇幅不再列示结果)。

第六节　本　章　小　结

相比成熟的西方资本市场,中国资本市场的一个显著特点是换手率比较高,[①]价值投资的理念不强,现金股利的估值效应不明显,资本市场的吸引力不强。十八届三中全会提出要提高直接融资的比例,加快多层次资本市场建设,那么对于监管部门来说,如何引导长期投资和价值投资、建立一个成熟稳定的资本市场是急需解决的问题。本书基于 2012 年资本市场的红利税改革,首先从不同股息率公司市场反应的角度检验了红利税改革对于公司估值的影响,然后在此基础上检验证券投资基金持股是否影响公司估值的敏感性。研究发现:

(1) 红利税改革政策颁布期间,市场对于高股息率的公司做出了正面的反应;

(2) 红利税改革政策颁布期间,市场对于高股息率的公司做出

---

① 2007 年全球市场的换手率大概 100%多,韩国超过 200%,上交所是 927%,深交所是 987%,是全世界的很多倍(祁斌,2013)。

的正面反应仅存在于证券投资基金持股比例高的公司。

　　上述研究结果表明,税收是影响资本市场投资行为的重要因素,红利税差别化征收鼓励长期投资、价值投资的理念。因此,通过结构性减税引导了资本市场价值投资的理念,优化资本市场的投资者结构,有利于资本市场长期稳定的发展。

第六章
社保基金投资 A 股市场的风险测度

第一节　引　　言

　　自 2003 年社保基金以委托投资方式进入 A 股市场,社保基金入市经历了近 10 年的历程,期间收益率起伏不断。2011 年,国务院批准同意社保基金投资股权基金,国内学者又开始了新一轮的对社保基金投资渠道的探讨。截至 2011 年末,全国社保基金资产总计8 868亿元,而在 2000 年,仅有 200 亿元的规模。① 2012 年,全国社会保障基金理事会理事长戴相龙表示,目前社保基金投资于股票的比例还未达到 40％的法律上限,今后还会加大投资股票的比例。图6-1直观显示了社保基金历年投资收益率情况。

---

　　①　数据来源:全国社会保障基金理事会基金年度报告。

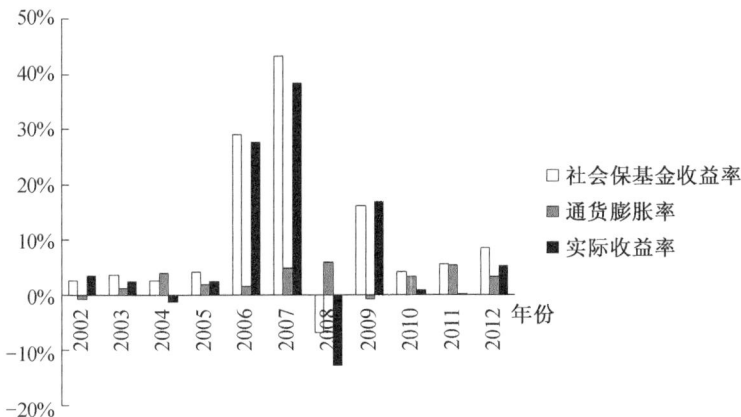

图 6-1　社保基金历年投资收益率情况

数据来源:《中国统计年鉴》,《全国社会保障基金理事会基金年度报告》

　　在全国社保基金的资产总额日益增大,中国股市日益成熟的背景下,将社保基金投入 A 股市场是一种很好的保值增值方式。然而,社保基金在 A 股市场上获得投资收益的同时,也承担了很大的市场风险,如何控制这些风险就成为了一个很有现实意义的研究课题。

　　可以看出社保基金的收益率的浮动相当之大,实际收益率最高接近 40%,而最低时亏损近 15%,关注社保基金的市场风险显得尤其重要。随着社保基金投资股市的经验积累,学者开始研究社保基金的投资风险问题,探讨其保值增值的能力。顾耀峰(2011)提出了要实现社保基金的保值增值,在关注收益率的同时更要注重社保基金承受的金融风险大小。目前国内证券市场不断完善,社保基金的投资数据不断充实,投资资金规模的不断扩大为学者进行这一研究提供了可行性。对于金融风险的研究始于 Harry. M. Markowitz,而 Philippe Jorion 提出 VaR 模型是金融风险控制发展的另一个里程碑,目前出现了多种基于 VaR 模型的扩展模型。在众多 VaR 模型中究竟何种模型更适用于研究中国社保基金投资于股市的风险控制,这便是本书研究的主要内容。

(一) 现实意义

首先,控制社保基金的投资风险,是实现其保值增值的需求。人口老龄化,经济膨胀已成为世界性难题,如何保证社保基金的按时足额发放也已成为各国研究的课题。在中国社保基金投资于 A 股市场的这段时间内,收益率各不相同,作为投资者不光要注重表面的收益情况,更需注重的是其投资承受的风险大小。据预测,到 2015 年,全国社保基金将超过 2 万亿元。[①] 如何控制其投资风险已成为一个重要的课题。

其次,控制投资风险有助于稳定中国证券市场。中国证券市场还处于快速发展期,对金融风险的研究也还不完善,本书的研究对整个证券市场也有借鉴意义。另外,庞大的社保基金资金如果通过合法渠道合理的进入证券市场,那么将大大增加证券市场的资金供给,对证券市场的完善将产生巨大的推动作用。同时,一个稳定、健康的资本市场也能降低社保基金的投资风险。

(二) 理论意义

VaR 是 J. P. Morgen 公司用来计量市场风险的产物,当时公司要求业务部门于每日营业结束后递交一份反映公司每日潜在损失的报告。VaR 用于金融风险测定和控制,相比于传统的金融风险管理模型,概念简单,易于理解,并以可靠的科学统计作为依据,更具有

---

① 数据来源:全国社保基金理事会理事长戴相龙讲话(2010.3.10).

实用性和投资参考意义。对于 VaR 内在实现过程,理论界提出了许多具体的度量方法。由于每种方法的提出都是基于一定的理论假设或是针对某些具体的历史背景,所以都难免存在其特定的适用范围和局限性。

从大量研究结论来看,使用不同测算方法得出的 VaR 值存在较大的差异,即使使用相同的 VaR 方法,对于各不同的市场而言,其好坏优劣也存在很大的差别。因此,对于 VaR 模型在中国股票市场中的应用,我们也不能简单照搬照抄别人的方法和结论,而应根据中国的实际情况来进行分析。对于社保基金投资 A 股市场的风险分析,目前学者采用的较多的是德尔塔-正态模型,但是该模型有着较强的前提假设,并且对于复杂的投资组合难以模拟。本书首次将 VaR 的三种基本方法运用于社保基金的风险测算,进行比较分析,得出相对更适合社保基金风险测算的方法。

(三) 研究方法

本书针对社保基金的投资风险测算,采用了定性分析与定量分析相结合的办法。具体采用了文献分析法,计量分析法和比较分析法。

文献分析法是指对相关文献搜集,整理,汇编,在本书中主要分析了社保基金的投资历程以及各个金融风险测量理论的形成与发展。

计量分析法是指通过计量模型对经济问题作出定量分析。本书主要通过软件 Excel 测量社保基金投资的 VaR 值。

比较分析法应用于文献综述及实证研究中,通过 VaR 各模型的返回检验值,比较各种 VaR 风险测度模型的优劣,并通过比较确立最优模型。

第二节　文献综述

社保基金投资应遵循安全、长期收益、多样化和可流动原则。在进行社保基金投资时,要制订好投资策略、选择好投资渠道、处理好投资组合问题、做好投资监管和绩效评估,使社保基金的投资在风险最小的前提下实现保值增值的目标。

中国对社保基金的保值增值研究从上世纪 90 年代开始,至今也进行了比较多的研究,学者的研究角度主要是从社保基金投资模式,政府的职能监管或是社保基金入市的可行性与必要层面进行研究性。最初对社保基金保值增值研究的是吴敬琏学者,他在 1993 年提出基于国有企业股权分散化应该建立一个独立于企业之外的社保基金,A 股市场是社保基金投资的重要渠道,可以获取收益来支付社会保障开支。虽然这只是一个方针性建议,但随后很多学者对于社保基金如何入市,入市可行性,可否投入海外更加成熟的金融市场都有详尽的研究。

(一)社保基金的概念鉴定

目前国内关于社保基金的概念界定还很模糊,林志芬(2007)从基金的专款专用的特性提出,从广义上来说的社保基金应该称作中国社会保障资金。传统上,学者将中国社保基金划分为社会保险基金、企业年金、全国社会保障基金以及财政社会保障基金。[①] 这四类基金的筹资、运营、管理组织以及各自的风险承受度各不相同，因此如果将他们一并称作社保基金加以管理是很不合理。

社会保险基金由劳动和社会保障部及其分支机构管理，包括养老保险基金、医疗保险基金、失业保险基金、工伤保险基金、生育保险基金。其中最主要的就是养老保险基金和医疗保险基金，截止 2011 年底，这五项社会保险基金累计结余 30 303 亿元，其中养老金结余 20 136 亿元，医疗保险基金结余接近 6 889 亿元。[②] 养老金和医疗保险基金按照筹资的不同分为社会统筹基金和个人账户基金，社会统筹基金实行现收现付制，不存在投资保值增值问题；个人账户基金由于其完全积累的资金运作模式，面对当今通胀严重的经济形势，迫切需要寻求投资渠道，以期保值增值。

企业年金又称企业补充保障基金，是企业及其雇员在依法参加基本养老保险的基础上，依据国家政策和本企业经济状况建立的。企业年金对基本养老保险基金进行了重要的补充。由于其旨在提高员工退休后的生活状况，因此他对投资安全性的要求没有基本养老金那样高，而是更注重投资的收益性。

全国社会保障基金由全国社会保障基金理事会管理，是中央政府集中的战略储备资金，主要用于弥补今后人口老龄化高峰时期的社会保障需要。全国社会保障基金主要的筹资模式包括中央财政划拨资金、国有股减持或转持所获资金和股票、转入的股权资产、以

[①] 林治芬，胡琴芳.社会保障资金管理.科学出版社.2007(2):120-126.

[②] 数据来源:《中国统计年鉴 2011 年》.

及国务院批准采取其他方式。近年来,全国社会保障基金规模逐渐增大,发展速度增快,管理体制积极创新,基金的投资、运行和使用都要经过法律程序。依据相关法律规定,全国社会保障基金完全独立运行,采用多元化投资,并按一定比例投入股市。目前,全国社会保障基金理事会已经成为中国资本市场上主要的机构投资者之一,对其投资绩效水平的研究对中国社保基金投资运营体制的改善有着重大意义。本书如果没有特殊说明,所说社保基金均指全国社会保障基金。

其他保障基金主要指用于社会福利、社会救助、优抚安置、住房保障等方面的基金,大多是由民政部主管。如果严格按照基金定义来划分,这部分基金称作资金更为合适。

综上所述,将社会统筹基金、个人账户基金、企业年金以及全国社会保障基金的主要区别列在下表中。

表 6-1 中国社保基金的主要分类

	社会统筹基金	个人账户基金	企业年金	全国社会保障基金
主要功能	用于支付当期养老金	保障职工退休后的基本生活	提高职工退休后的生活质量	弥补当年基金缺口
主要资金来源	企业缴费	个人缴费	企业和员工共同缴费	财政拨款,国有股减持等
资金运作	现收现付制	完全积累制	完全积累制	绝大部分积累,部分调剂
投资风险承受能力	无需投资,没有投资风险	安全第一	更加注重投资的收益性	介于企业年金和个人账户基金之间

为了方便行文,本书将全国社会保障基金统一简写为社保基金。

(二)社保基金投资 A 股市场的金融风险

金融风险是金融活动的内在属性,自 2007 年美国发生次债危机以来,中国金融业对风险的认识发生了重大变化,风险管理被提到了一个前所未有的高度。社保基金在 A 股市场进行投资活动与其他金融资产进行股市投资一样,在享有高收益率的同时承担了相应的风险,其主要面临的风险有:流动性风险,操作风险,委托—代理风险,信用风险,市场风险及购买力风险。

流动性风险是由于社保基金的缴费与发放时间跨度长,收益与支出的时间不匹配,由于社会、经济等因素需要社保基金支付大额的现金时,可能因为其在股票市场很难及时变现,造成流动性不足。

操作风险可能会由社保基金的代理投资基金公司的非规范性,市场经验不足,或是缺乏有效的内部控制制度而产生。

委托—代理风险是由于社保基金投资模式造成的,目前全国社会保障基金理事会将社保基金委托给专门的基金管理公司或是能够从事专业化基金管理的机构进行投资,这些代理投资公司处于信息相对有利的一方,有可能产生道德风险与逆向选择,使社保基金蒙受损失。

信用风险是社保基金投资 A 股市场面临的又一风险,信用风险主要由企业经济周期及其内部经营两个因素产生,直接后果是社保基金投资的该企业的股票不能偿付,虽然目前 A 股市场的信用风险发生概率较低,但是一旦发生,后果不堪设想。

市场风险是指在一定的时期内,由于市场的供需不平衡,导致上市公司的股价上下波动,从而使社保基金的投资获益或亏损。

购买力风险也是社保基金投资 A 股市场的另一重要风险,购买力风险的实质就是通货膨胀的风险,个人从养老金的给付到领取,时间跨度非常大,在此期间如果养老金的收益率低于通货膨胀率,就可能导致个人最终拿到的养老金不足以支付其当初设定的生活标准。

从本书的研究内容看,社保基金投资 A 股市场的市场风险是本书研究的重点。通过 VaR 模型对市场风险值进行测定,以判断目前社保基金投资的市场风险处于何种水平。

(三) 社保基金投资 A 股市场的模式分析

黄范章等(2000)从社保基金承担的社会责任出发,认为社保基金不应当以博取短线差价为主要盈利模式,而应投资于那些被低估的企业,其主要采用长期投资行为,投资方向应以基础产业和公共产业为主。郑秉文(2003)提出了社保基金的四种投资模式:一是完全私有化国家的公共养老基金。它在财政上的可持续性较强,对于老龄化等外部经济冲击有很好的缓冲作用,可以在根本上解决国家的财政负担。但是该模式下个人却承担较大的风险,缺乏再分配功能。二是半积累制模式 。在该模式中,仅把个人账户中的缴费投资于股市,仅在个人账户之内进投资行为。三是将雇主与雇员的缴费全部划入个人账户,缴费者拥有全部名义产权。四是将部分缴费划入个人账户,缴费者拥有部分名义产权。邓大松(2005)提出治理结构和管理模式是确保基金运行安全的基本保障,也是基金运营监管的前提和基础。全国社会保障基金应采取委托投资管理模式,受托全国社会保障基金理事会进行市场化管理。

(四) 社保基金投资 A 股市场的可行性分析

王雪峰(2004)分析了国内金融市场制度日趋完善,投资银行业已初具规模，一批高水平的投资理财专家正在涌现和成长，金融学和计算机分析软件技术的发展，为社保基金进入资本市场及实施有效的投资组合管理提供了人才和技术支持。此外，社保资金规模逐年递增，也为其进行规模投资提供可能。

陆炜（2009）通过对 2006 年至 2007 年社保基金在上市公司十大流通股东的信息进行分析，认为社保基金根据中国自身的经济发展情况，主要以基础投资制造业、交通运输业为投资对象，但是也会根据行业处在生命周期的阶段及特点，进行行业配置比例的调整。在个股的选择上，社保基金优先选取高成长的股票，选取那些价值低估、具有安全边际、业绩增长确定的公司，以此取得较高的回报。于超（2012）在系统地研究和比较了中美社会保障基金投资模式之后，运用投资收益风险理论和资本资产定价（CAPM）模型验证得出合理的社保基金投资比例对一国股市的稳定可以起到至关重要的作用。

除了从理论上论证社保基金投入股市是否可行，学者也开始运用实证研究探讨社保基金进行银行储蓄，购买国债，投资股市的风险收益。祝献忠（2008）运用资产资本定价模型探讨各级投资渠道的风险收益，认为早期的资本市场虽然存在较大的波动风险，但随着经济的发展，资本市场与实体经济的相关性不断加强。所以在保证社保基金流动性安全的基础上，可以将其投资于资本市场，分享中国经济高速发展的成果。从而有效应对通货膨胀问题，解决固定收益投资偏低的缺陷，满足保值增值的需要，缓解社保基金空帐与人口老龄化等问题。

（五）社保基金投资 A 股市场的必要性分析

随着国内金融市场的不断完善，指数化投资日趋成熟，章鸽武

（2005）指出社保基金在资本市场上进行指数化投资,非常适合社保基金稳定安全的要求,这笔资金应由专业性的基金管理公司进行运作,而政府只应做实宏观监管的责任。徐凌峰（2003）认为社保基金入市可以调节证券市场投资者结构,为证券市场带来持续增量资金,有利于价值投资理念的形成和深化以及改善上市公司的治理结构。蒲晓红（2002）认为中国老龄化进程日益加快,老龄人口数量的快速增长,加大了养老金的给付压力,客观上也要求社保入市。社保基金入市是自身保值增值的内在需求,通过在 A 股市场的收益可有效地防范支付风险。

2006 年国务院允许社保基金进入海外市场,学者又开始对社保基金新的投资方向进行研究。曾拥政（2007）认为单个资本市场存在不可分散的风险,一国的证券市场与本国的经济发展往往表现出很强的相关性。将社保基金投资于境外证券市场,调整投资组合,促使资产的国际多样化的同时,也要注重对 A 股市场的投资,这有助于有效地规避和控制投资组合的系统性风险。黄国平、贺芳（2008）分析从投资政府债券和其他金融债券,存入银行,购买股票和证券投资基金,实业投资,进入海外资本市场这些投资渠道进行了探讨,认为社保基金投资于 A 股市场获得的收益最高,可以适当加大对 A 股市场的投资比例。由于国内海外市场投资经验不足,以及 2008 年的金融危机,导致社保基金的海外投资不尽如人意,学者认识到应细化研究社保基金进入股市的具体投资组合。

（六）社保基金投资 A 股市场的总体现状分析

长期以来一直困扰社保基金投资的难题是:社保基金投资的风

险与收益权衡。目前社保基金采用的是委托—代理的投资模式,朱敬芝(2011)认为委托—代理是基于一种契约关系,而由于这种契约具有不确定性和信息不对称性,很容易造成逆向选择及道德风险,从而加大社保基金的投资风险。

从社保基金投资 A 股市场来看,注重降低风险,进行价值投资一直是全国社会保障理事会强调的重点。在 2012 年末股市创下新低,社保基金开始整仓投资,寻找高成长企业。上海证券报在 2013年指出在该年第一季度,社保基金新增持有的 81 家上市公司中,以高成长为特征的创业板,中小板公司就有 52 家,而对一些大盘蓝筹股却有一定的减持。虽然社保基金一向以稳健的投资思路著称于资本是市场,但众所周知,高成长的企业往往不确定性更强,在社保基金做出如此大动作之时,是否真是正确抄底,还是深陷股市泥潭,还不得而知。

虽然对社保基金的入市研究,国内众多知名学者进行了广泛的讨论,但对于具体的投资风险进行深入探讨的学者却很少,有个重要的原因是全国社保基金 2000 年才建立,社保基金投资数据难以找到,所以实证研究很少。随着近年来国内资本市场的逐渐完善,社保基金的数据日益丰富,目前对社保基金入市进行实证分析的条件也日趋成熟。本书也有一些问题没有进行解决,比如金融创新对社保基金的应用,社保基金进入海外市场的风险收益测评,2006 年国内放开社保基金进入海外市场,随之全国社保基金理事会将社保基金投入海外市场,却导致了巨额亏损,社保基金是否应该采用套期保值以及如何采用等到问题还有待于其他学者进行研究考察,本书的重点只是将社保基金着眼于中国 A 股市场,探讨社保基金在 A 股市场投资的风险收益,以及如何进行组合投资。

第三节　社保基金投资的风险控制模型

(一) 国内风险控制方法在社保基金投资中的应用

虽然目前金融行业对于投资风险研究不断加深,理论日趋成熟,但把投资风险的 VaR 方法系统的引入对社保基金 A 股市场的研究并不多见。

英学夫(2007)在研究社保基金投资收益的时候,意识到除了要关注投资的收益水平,还要测算投资基金在持续期内所承担的风险,这样才能综合评价社保基金的投资效果。目前,社保基金采取委托－代理投资模式,由于 VaR 不满足风险的次可加性,因此在对社保基金投资组合整体进行 VaR 测算时不能通过测算社保基金各分支机构的 VaR 值来推导社保基金机构整体 VaR。

在运用德尔塔-正态模型对社保基金风险进行测量方面,史天骄(2012)以 2011 年社保基金的前十大重仓股作为研究对象,分别计算了 95％、99％置信水平下的 VaR、条件 VaR 和条件跌幅 VaR 值,并比较各方法的优劣。最后通过对国外相关理论的借鉴,得出了条件跌幅 VaR 方法是更加适合中国社保基金的风险测量指标。王滕滕等(2012)从证券投资组合理论的风险度量着手,用条件在险价值和熵来共同度量风险,提出新的风险度量模型:均值-CVaR-熵模型。

结果表明社保基金是一个典型的风险厌恶者,在保障安全性的基础上追求的首要目标就是获得长期稳定的投资回报率,多元化投资是中国社保基金投资的必然选择。CVaR 模型在一定程度上克服了 VaR 模型的缺点,不仅考虑了超过 VaR 值的频率,而且考虑了超过 VaR 值损失的条件期望,有效地改善了 VaR 模型在处理损失分布的厚尾现象时存在的问题。但当社保基金投资组合损失的密度函数不是连续函数时,CVaR 模型不再是一致性风险度量模型,即 CVaR 模型需要进行一定的改进。吴忠和王宇熹(2009)将国外风险度量方法 CDaR 模型引入到国内社保基金的投资风险管理实践,结合中国国内证券市场的实际情况以及社会保障基金投资管理条例中的相关投资风险约束条件,形成了有投资约束条件下的社保基金风险管理拓展模型。石翔等(2012)针对 2011 年第二、三两个季度社保基金的重仓股进行德尔塔-正态模拟,得出社保基金的总体风险高于市场风险,认为在此阶段应加强对社保基金的风险控制。

目前学者还没有对社保基金的风险价值测算单独采用历史模拟法,余佳子(2011)采用历史模拟法和德尔塔-正态法对社保基金前十重仓股进行风险模拟,得出在 95％ 的置信水平下,无论在那种模型下,社保基金的可能的最大损失额度均超过了市场平均值,因此社保基金有待提高自身的分散风险能力。桓彦(2012)对于社保基金投资组合首先运用了历史模拟法,引出对模型刻画较好的 GARCH 模型,最后采用一般的蒙特卡罗法和基于 GARCH 模型的蒙特卡罗法对社保基金进行风险测量。

在采用蒙特卡洛法对社保基金风险进行研究方面。江红莉等

(2011)基于 GARCH-EVT-Copula 方法测算了社保基金投资组合的 VaR 值。首先,基于 GARCH、EVT 对投资组合中各金融资产收益的边缘分布建模;然后,采用极大似然估计法和 Bootstrap 方法估计尾部的分布函数;接着,基于 Copula 方法研究组合中金融资产间的相关结构,运用蒙特卡罗法方法测算投资组合的 VaR 值,最后采用 Kupiec 回测检验比较各模型的有效性,得出基于 GARCH-EVT - Copula 模型最适合于测算社保基金的 VaR 风是合适的。

由此可见,基于 VaR 基本模型对于社保基金的风险测量研究并不多见,虽然在有限的研究中,对于各个模型都有一定的扩展,但目前还没有学者将这三种方法结合起来对社保基金的风险进行比较研究。本书正是针对这一研究空白,将这三种基本 VaR 模型分别对于社保基金在 A 股市场的投资风险进行测算,以得出在目前社保基金的投资风格下,何种模型更加适合对社保基金的风险进行测算。

(二)国外风险控制方法在社保基金投资中的应用

虽然国外的 VaR 系统较为完善,但是对于社保基金投入股市的市场 VaR 分析并不多见。Gary P. Brinson 等(1991)采取美国 1978 年至 1988 年这 10 年间 82 家大型养老金计划为样本,说明资产配置策略对于整个美国养老金投资成果的影响。这篇文章开创了对社保基金投资研究的先河。David Blakea 等(2001)采用 VAR 方法估计积累阶段的定额供款退休金,认为 VaR 估计对于资产配置策略的选择是非常敏感,当资产收益模型参数化时,风险值估计的敏感性降低。Castellacci(2003)采用二次组合模式,计算非线形组合的风险价值,最后采用蒙特卡罗法对社会保障基金进行估测,得出对于非线性的投资组合价值,蒙特卡罗有着良好的灵敏性。Haixiang Yao 等(2012)认为在推出退休金计划时,会员承担在积累阶段的财务风险。经德尔塔-正态模拟法分析得出,多个资产组合甚至整个市场都可能是有风险的。Juan Carlos Escanciano(2012)通过历史模拟法及其扩展模型过滤历史模拟法对养老金进行风险价值预测。一般情况下,采用历史模拟法不需要进行回测检验,然而即使是在一个大样本的前提下,历史模拟法亦然会发生模型偏差。最后结合蒙特卡洛法的模拟结果对养老金风险进行测算,验证了对历史模拟法回测的重要性。

总的来说,国外虽然在金融领域对市场 VaR 测试的创新日新月异,但将 VaR 系统应用到社保基金投资股市的风险研究并不充分。对于社保基金的研究国外往往偏重于其如何进行资产配置,或是进行风险投资的必要性。将先进的金融实证方法应用到社保基金投资是社保基金的内在需要,也是金融实证创新的现实意义。近年来开始有学者不断注重运用金融模型对社保基金的风险进行测量。

(三) 社保基金投资的风险估值 VaR 模型

风险即潜在损失,其是由于风险因子的敞口形成的,同时风险的大小也取决于风险因子的分布情况。VaR 风险估值方法正是对现有头寸的潜在损失提供了量化衡量的方法,它已经成为广大专业投资分析者进行风险管理的工具。

潜在的投资损益可以归于两个原因:风险敞口与风险因子的变化,风险管理可以通过二分法进行分解,分别对风险因子与风险敞口进行建模。图 6-2 即为一个一般的 VaR 系统:

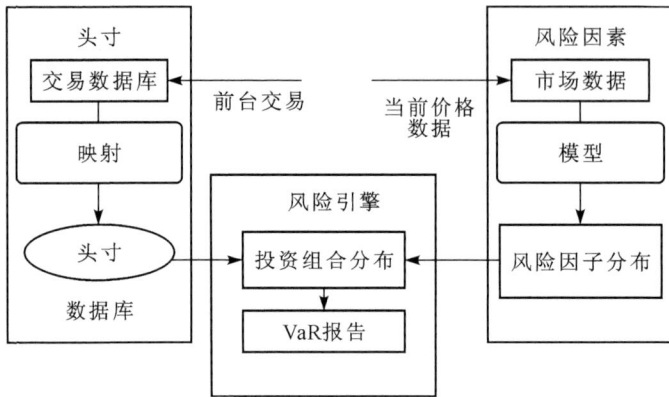

图 6-2　VaR 系统

目前对风险敞口的建模可以分为两类：局部估值法（local-valuation methods）与完全估值法（full-valuation methods）。

局部估值法是通过对资产组合的初始状态进行一次性估值，并利用局部求导推断可能的资产损益而得出风险估值。德尔塔-正态法（delta-normal method）正是一种典型的局部估值法。德尔塔-正态法也称方差-协方差法（variance-covariance method），他运用线性敞口，假设分布符合正态分布，对投资组合进行风险估值。

完全估值法通过各种情景下投资组合的再定价来衡量风险。一般来说完全估值法需要计算较宽区间下不同价格水平下投资组合的价值：

$$dV = V(S_1) - V(S_0) \qquad (6.1)$$

其中 dV 表示投资组合的潜在损失，$V(S_1)$ 表示风险因子在即期的价值，$V(S_0)$ 表示风险因子 S 在初始位置的价值。

历史模拟法（historical simulation，HS）和蒙特卡了模拟法

（Monte Carlo,MC）是两种典型的完全估值法。蒙特卡罗法依赖参数分别的情况,而历史模拟法要求从最近的历史数据中抽样活动。表 6-2 大致比较了三种主流 VaR 方法:

表 6-2　各种 VaR 方法的比较

风险因子分布	VaR 方法	
	局部估值法	完全估值法
解析分布	德尔塔-正态法	
模拟分布		历史模拟法
		蒙特卡罗法

1. VaR 方法的描述

一般认为 VaR 是在 20 世纪 80 年代由 JP 摩根全球研究部负责人 Till. Guldimann 创立的。VaR 可以简单定义如下:在给定的置信区间内,发生不超过某一目标区域范围的预计最大亏损。可以用公式表示为:

$$\mathrm{Prob}(\Delta P > VaR) = 1 - \alpha \qquad (6.2)$$

其中 Prob 表示资产损失超过损失上限的概率,ΔP 表示在一定的持续期 Δt 内某一金融资产或其组合的价值损失,α 表示给定的置信区间,VaR 表示在给定的置信区间 α 内某一金融资产或其组合的最大损失。

为了描述 VaR 方法的过程,我们假设有一以上证指数为投资对象的金融产品,其投资损益完全和上证指数的涨跌相同,假设其头寸为 1 亿人民币,那此头寸在一天内可能发生多大损失?

为回答这一问题,我们选取了从 2010 年 1 月 4 日到 2012 年 12

月 31 日,上证指数日收盘价共计 729 个数据,下图显示了上证指数
的日损益波动情况:

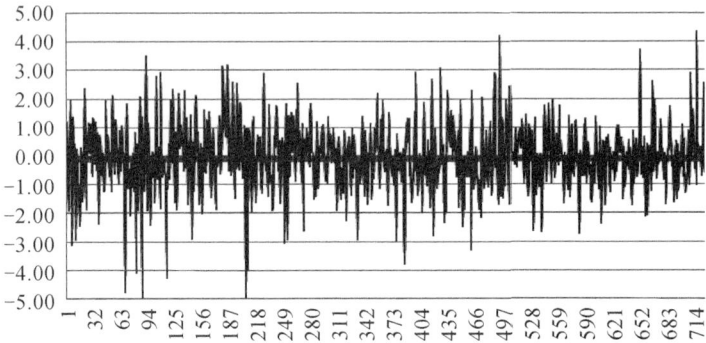

图 6-3　上证指数日波动率(数据来源:Wind 数据库)

现统计损益浮动在一定区间内的直方图,得到图 6-4:

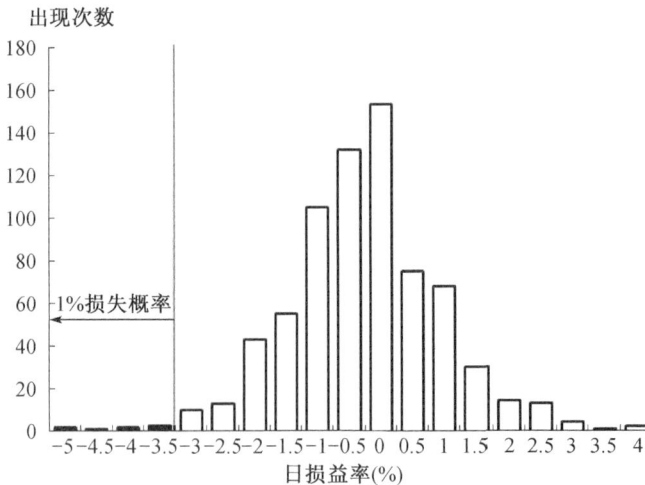

图 6-4　风险价值衡量

对这一以上证指数为投资对象的金融产品,若选择 99% 的置信
水平,我们需要找出 99% 的情况下损失小于这一范围的亏损,也就

是在这 729 个数据中,最大损失前 7 的数据,在图 6-3 中我们找到这一数据为－3.79%。基于上述讨论,我们有 99% 的把握,在一天内,该 1 亿的投资组合头寸的损失不超过 10 000 * 3.79%＝379 万元。因此,该头寸的 VaR 值大约为 379 万元。这一投资组合的市场风险也可以简单陈述为:在市场正常运行的情况下,有 99% 的把握,投资组合在下一个交易日的最大损失在 379 万元以内。

因此,若要计算 1 亿人民币的投资组合的在 99% 的置信水平下的一日 VaR 值,计算步骤如下:

(1) 逐日盯市以确定投资组合的市值,该例为 1 亿元;

(2) 设定时间区域,观察样本时间段;

(3) 计算衡量标的的风险波动;

(4) 设定置信水平,该列为 99%(假设呈正态分布);

(5) 分析前面的所得数据,得出分布概率,计算潜在最大损失,最终得出 VaR。该例的 VaR 值为 379 万元。

2. 德尔塔-正态估值法

德尔塔-正态估值法假定投资组合损益率符合正态分布,运用正态分布的置信度与分位数的对应性计算组合的风险价值。

对于单一的相关风险因子 S,首先估计该金融资产在初始状态的价值:

$$V_0 = V(S_0) \tag{6.3}$$

接着对其进行求导,定义德尔塔(Δ_0)为当前头寸的一阶偏导,表示这一金融资产变动的敏感程度。这样该金融资产的潜在损失 dV 的计算公式如下:

$$dV = \frac{\partial V}{\partial S}\mid_0 dS = \Delta_0 \times dS = (\Delta_0 S) \times \frac{dS}{S} \qquad (6.4)$$

其中风险敞口为 $\Delta_0 S$，价格的潜在变化为 dS。从公式(3.4)可以看出金融资产的价值 V 的最大损失与价格 S 的极值相对应。由于假设该投资组合的损益率服从正态分布，所以该金融资产的风险价值可由风险敞口和风险价值的相关变量的乘积求得：

$$VaR = \mid \Delta_0 \mid \times VaR_s = \mid \Delta_0 \mid \times (\alpha \sigma S_0) \qquad (6.5)$$

其中 α 表示标准正态分布下置信度 α 对应的分位数(例如，95%置信水平下 $\alpha = 1.65$)，σ 表示投资组合收益率的标准差。由于 VaR 是解析解的形式，因此该方法也被称为解析方法(analytical method)。对于固定收益投资组合，到期收益率 y 为风险因子，价格与到期收益率的关系就可以表示为：

$$dV = (-D * V)dy \qquad (6.6)$$

其中 $D *$ 为修正久期，这时，该金融资产的 VaR 值可表示为：

$$VaR = \mid D * V \mid \times (\alpha \sigma) \qquad (6.7)$$

对于多个风险因子，我们假定他们符合联合正态分布，并且可以用德尔塔敞口表示组合头寸。如果一个投资组合有 N 个风险因子，我们定义 $x_{i,t}$ 为 t 期所有金融产品对单个风险因子 i 的敞口加总。将其除以组合价格，得到了其占组合的权重 $w_{i,t}$，由此我们可以求得组合的投资收益率：

$$R_{p,t+1} = \sum_{i=1}^{N} w_{i,t} R_{i,t+1} \qquad (6.8)$$

其中 $R_{i,\,t+1}$ 表示 $t+1$ 期资产 i 的收益率,由于正态变量联合分布构成的组合也符合正态分布,因此对于大型投资组合其风险可以进行简单的加总。

该投资组合的方差就可以表示成:

$$\sigma_p^2 = \begin{bmatrix} w_1 \cdots w_N \end{bmatrix} \begin{bmatrix} \sigma_1^2 & \cdots & \sigma_{1N} \\ \vdots & \ddots & \vdots \\ \sigma_{N1} & \cdots & \sigma_N^2 \end{bmatrix} \begin{bmatrix} w_1 \\ \vdots \\ w_N \end{bmatrix} \tag{6.9}$$

简化为:

$$\sigma^2(R_{p,\,t+1}) = w_t' \sum\nolimits_{t+1} w_t \tag{6.10}$$

其中 $\sum_{t+1}$ 是在 VaR 在 t 期内对协方差矩阵的预估,通过预测模型,于是 VaR 就变为:

$$\mathrm{VaR} = \alpha \sqrt{x_t' \sum\nolimits_{t+1} x_t} = \alpha W \sqrt{w_t' \sum\nolimits_{t+1} x_t} \tag{6.11}$$

图 6-5 表示了德尔塔-正态分布的详细步骤:

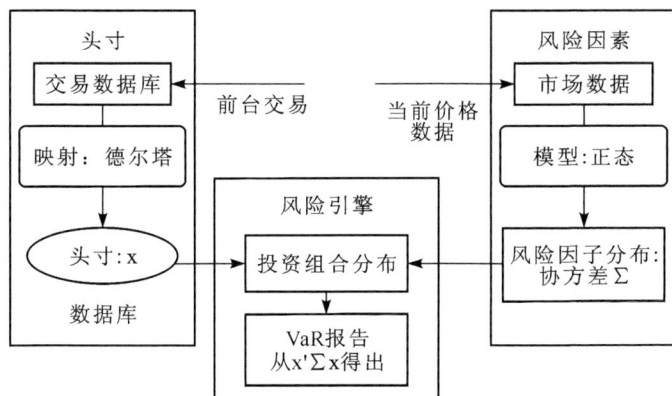

图 6-5　德尔塔-正态法

3. 历史模拟法

历史模拟法是三种方法中最为简单直接的方法,它的核心在于根据市场因子历史数据的变化模拟投资组合的未来损益,并根据给定的置信区间估计投资组合的 VaR 值。

历史模拟法采用的是完全估值法,要计算一个投资组合在时间 k 的收益率,可以将当前一个以时间为序列的历史资产收益率乘以其当前权重:

$$R_{p,k} = \sum_{i=1}^{N} w_{i,t} R_{i,k} (k = 1, \cdots, t) \qquad (6.12)$$

其中 $R_{p,k}$ 为虚拟收益率, $w_{i,t}$ 为市场因子 t 时期的投资比重, $R_{i,k}$ 为市场因子在时间 k 的收益率。要用历史模拟法计算一个投资 组合的 VaR,首先要计算 在 t 时期第 i 只证券的收益率,再虚拟出投资组合的时间序列收益率,接着将所得的虚拟收益率从小到大排列,得出损益分布,最后更具给定的置信水平求出最终的 VaR 值。由于历史模拟法不需要假设市场因子的参数分布,因此又被称为非参数法。

图 6-6 描述了历史模拟法的一般步骤:

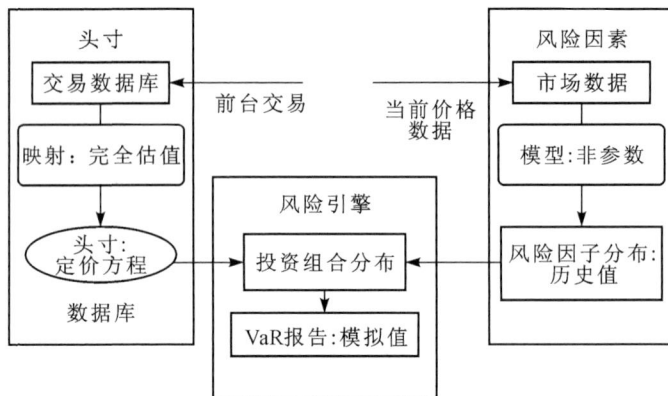

图 6-6　历史模拟法

4. 蒙特卡罗法

蒙特卡罗法的模拟计算方法与历史模拟法相类似,所不同的是对于市场价格的变化并不是来源于历史数据,而是随机模拟得到,也就是说对于风险因素建模采用了参数模型,而不是历史模拟法采用的非参数模型。

蒙特卡罗法假设资产价格的变动时一种随机的过程,因此会选择一个随机模型来反映价格的变化,几何布朗运动就是一个常用的模型。该模型假定资产价格的变化为无规则变化,前后之间没有任何关系,价格的变动可以表示为:

$$\mathrm{d}S_t = \mu_t S_t \mathrm{d}t + \sigma_t S_t \mathrm{d}z \qquad (6.13)$$

其中 μ_t 表示 t 时期的飘动率, σ_t 表示 t 时期的波动率,我们假定这两个变量在此处不随着时间的变化而变化。S_t 为该资产的现在价格,可以调节所有的参数。$\mathrm{d}z$ 为均值为零方差为 $\mathrm{d}t$ 的正态随机分布。由于布朗运动的方差随时间的缩短减小,而 $V(\mathrm{d}z) = \mathrm{d}t$ 很好的拟合了这一特性。正是因为 $\mathrm{d}z$ 的存在保证了资产的价格变动满足随机运动。

在实际计算中,我们可以用离散增量 $\Delta \mathrm{d}t$ 近似代替连续增量 $\mathrm{d}t$ 。我们定义 t 为现在时刻,T 为目标时刻,则 VaR 期限 $\tau = T - t$ 。我们再将 τ 分为 n 个区间,于是得到了离散增量 $\Delta t = \tau / n$,并产生了若干个随机变量 S_{t+i} 。我们对 $\mathrm{d}S/S$ 进行积分,可以近似得到:

$$\Delta S_t = S_{t-1}(\mu \Delta t + \sigma \varepsilon \sqrt{\Delta t}) \qquad (6.14)$$

其中 ε 服从标准正态分布,在此方程中均值,方差都满足几何布朗运动的特性。

总的来说,蒙特卡罗模拟法要求风险管理者首先选择一个适合描述资产价格的风险因子,结合历史数据求得的风险和相关系数将其参数化。然后依照随机游走过程模拟虚拟的价格走势。对 VaR 期限中的每个小区间,运用完全估值法对投资组合进行市场价格评估。最后综合评估结果构造资产报酬分布,得出投资组合的 VaR 值。这个过程可以表示为图 6-7:

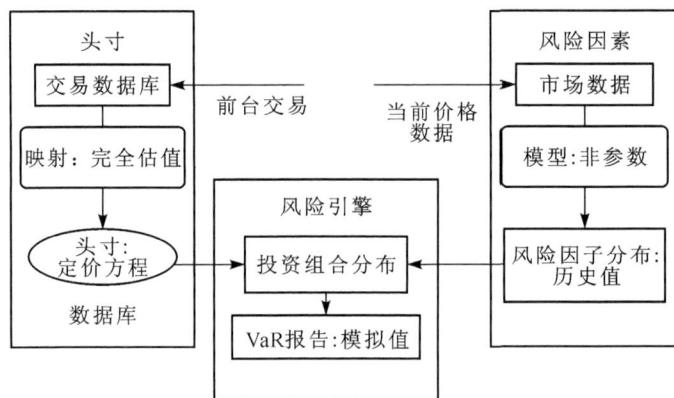

图 6-7　蒙特卡罗模拟法

(四) 社保基金的风险估值模型小结

以上介绍了 VaR 估值的三种经典方法,可以看出这三种方法各有其优缺点。作为局部估值的德尔塔-正态法采用线性估值的方法,可以实时运行,估算 VaR 值。此外它的计算只是涉及一个简单的矩阵乘数,因此它的计算量并不是很大。对于服从正态分布的投资组合,用德尔塔-正态法可能是最直接有效的,VaR 可以方便快捷的计算出来,计算结果也比较容易向公众和管理层做出解释。然而它的缺点也是显然易见的,德尔塔-正态法要求投资组合收益率满足正态分布,而金融数据往往并不满足,对于较低置信水平下(如 95%)的 VaR 值计算,误差可能不是很大,但是若将置信水平提高到较高水平(如 99%),可能由于金融数据的厚尾性,造成风险低估。此外,德尔塔-正态法对于复杂模型显得无能为力,对于期权、抵押贷款这样的非线性金融工具也不适用。

对于历史模拟法来说,不需要计算协方差矩阵,计算大大简化。由于它不需要对投资收益率分布进行假设,因此可以处理非对称及厚尾问题。此外,历史模拟法能够很好地向使用者提供投资组合风险情况,并通过历史回溯解释风险原因。然而,历史模拟法也有自身的缺陷,首先其假设未来情形完全由历史数据反映,这显然是不符合实际情况的。然后,历史模拟法需要的历史数据很庞大,对于小窗口事件,可能产生很大误差,例如,一个 100 天的样本数据库,在 99% 的置信水平下,最多只能有一个尾部观测值,这必然导致风险价值的估计失真。

从理论上说,蒙特卡罗法是计算 VaR 值的最有效方法,它对于投资收益率的分布假设最为宽松,无论是非线性、非正态或是非对称的分布都能进行模拟,因此蒙特卡罗法是目前唯一一个能计算信用风险的工具。由于金融数据大多都有尖峰厚尾性,蒙特卡罗法有着其独特的优势。然而,它的最大的缺陷在于计算复杂,成本昂贵。对于某一投资组合,与历史模拟法制采用一种路径模拟不同,蒙特卡罗法采用多种路径模拟,假设一个包含 1 000 种资产的组合,采用 1 000 种抽样路径,那么总的估值结果有 100 万个。在对蒙特卡罗法进行软件设计时需要投入大量的人力、物力,对于一般投资者来说难以接受。此外,蒙特卡罗法也有着其自身的模型风险。其假设对风险因子的模拟复出一个随机的过程,然而该过程的正确性却不能确定,为了检验模型自身的正确性,必须进行敏感性分析,在多次模拟中确定 VaR 的精确性。

表 6-3　VaR 估值的各种方法比较

	特征	德尔塔-正态	历史模拟	蒙特卡罗模拟
头寸				
	估值	线性	完全	完全
分布				
	形状	正态	真实	一般都可以
	是否随时间变化	是	可能	是
	隐含的数据	可能	没有	可能
	极端事件的反映	以低概率反映	在最近数据中反映	可能反映
	相关系数的使用	是	是	是
	VaR 的精确性	极好	在短期窗口中较低	大量迭代时精确性高
应用				
	是否容易计算	是	是	是
	定价的精确性	取决于投资组合	是	是
	可解释性	容易	容易	困难
	VaR 分析	容易分析	比较困难	比较困难
	主要缺点	非线性,厚尾	风险随时间变化,异常事件	模型风险

(五) 社保基金的风险回测模型

格林斯潘(1996)指出风险价值在披露市场风险时,只能说明其衡量风险是如何得出的,所以需要与实际情况比较后才能有指导意义。因此只有相对较为准确预测风险的 VaR 模型才是有用的。通常使用的工具包括回测、压力测试、独立评估及监管,本书主要通过回测模型比较个模型的有效性。

回测是用事后实际损失来检验模型预测能力的统计方法。回测方法能够尽最大可能发现故意低估其风险的银行,也能够避免惩罚那些因为纯意外事件而导致 VaR 值超出界限的银行。对 VaR 进行回测的基本步骤为:根据历史投资回报收益率和 VaR 值构造一个类型的数据序列;建立零假设以及备选假设;最后根据失败概率对原模型进行检验。目前对 VaR 模型的回测主要有二项式检验,Z 检验以及似然比检验。

1. 二项式检验

模型首先需要将投资组合的每日损益与当天设定的 VaR 值进行比较。定义公式:

$$X_t = \begin{cases} 1, L_t > \text{VaR}_t \\ 0, L_t < \text{VaR}_t \end{cases} \qquad (6.15)$$

其中 X_t 为投资组合的历史每日损失与当日 VaR 值得比较结果。依照 VaR 模型的定义,每一次比较都是一次伯努利实验。这一实验只有两种结果:L_t 违反 VaR_t 值,或是 L_t 没有违法 VaR_t。此外,伯努利实验还有两个性质:每日损失超出 VaR 的概率相同;每个实验结果相互独立。也就是说该实验满足独立同分布,即 X_t 是一个独立同分布的伯努利变量:

$$X_t \sim i,i,d, \text{Brenouli}(p) \qquad (6.16)$$

其中 $X_t = 1$ 的概率为 p，由公式（6.15）知 $X_t = 0$ 的概率为 $1-p$。将上实验重复 n 次，得到 n 天的失败天数 k，k 显然是一个二项随机变量，根据二项变量的特性，n 天中超过 VaR 为 k 次的概率为：

$$f(k) = \begin{bmatrix} n \\ k \end{bmatrix} p^k (1-p)^{n-k} \tag{6.17}$$

我们定义 $\pi = k/n$ 为失败率，入股随着样本容量的扩大，π 收敛与模型预测的 p 值，那么该 VaR 模型就是有效的。当 π 值明显大于 p 时（$k > np$），说明实际失败率要大于模型的预测值，即投资组合的实际的风险被低估，这可能导致用于防范风险的经济资本配置不足。反之，当 π 值明显小于 p 时（$k < np$），说明实际失败率要小于模型的预测值，即投资组合的实际的风险被高估，这可能导致用于防范风险的经济资本配置无效率。

为检验 VaR 模型的有效性，我们做如下假设：零假设 $H_0 : \pi = P$；备选假设 $H_1 : \pi \neq p$。

其中，π 是总体失败率，可以通过样本失败率 $\hat{\pi}$ 来估计；p 为置信水平，一般为 1%。

2. Z 检验

在 n 重伯努利实验中，当实验次数趋于无穷大时，按照中心极限定理，有：

$$\lim_{n \to \infty} P \left(\frac{\sum_{i=1}^{N} (X_i - np)}{\sqrt{np(1-p)}} \right) = \Phi(x) \tag{6.18}$$

其中 $\Phi(x)$ 为正态分布，当二项分布的 n 足够大时，其可以以正态分布来近似：

$$z = \frac{k - np}{\sqrt{np(1-p)}} \approx N(0,1) \qquad (6.19)$$

可见二项分布近似正态分布时，正态分布的均值 $\mu = np$ ，标准差 $\sigma = \sqrt{np(1-p)}$ ，定义 Z 为标准正态分布的区间点，以充当检验统计量。以上是针对失败数 k 的检验，如果要对投资组合的整体失败率 k/n 进行检验，则检验的统计量为：

$$z = \frac{\pi - p}{\sqrt{p(1-p)/n}} \approx N(0,1) \qquad (6.20)$$

Z 检验是为了检验失败次数 k 的真实值是否收敛与模型设定的均值 np ，或者说实际的失败率 π 是否显著收敛与模型设定的概率 p 。在近似正态分布时，需要对模型进行双尾检验，即失败次数相对于模型的设定均值不能过大，也不能过小。检验方法如下：

零假设　　　　　　$H_0: \pi = P$ ，或 $k = np$ ；

备选假设　　　　　$H_1: \pi \neq p$ ，或 $k \neq np$ ；

标准正态分布下，置信水平为 95% 的情况下，z 统计量的临界值为 $z_\alpha = 1.96$ ，拒绝域为 $|Z| > 1.96$ 。当 $|Z| > 1.96$ 表明失败次数落在均值 1.96 个标准差外。在 95% 的置信水平下，我们应该拒绝零假设，认为 VaR 模型存在预测误差。

3. 似然比检验

似然比检验时 VaR 模型回测的常用方法，其统计量公式为：

$$LR = -2(\ln L_u - \ln L_c) \qquad (6.21)$$

其中，LR 为自由度渐近为 1 的卡方变量，当样本容量趋于无穷大的，LR 近似服从自由度为 1 的卡方分布。Lu 为无条件似然函数值，L_c 为条件似然函数值。

在一定时期内，失败率 π 是服从独立同分布的伯努利变量，其分布函数为：

$$f(X = x) = \pi^x(1-\pi)^{1-x} \tag{6.22}$$

其相应的似然函数为：

$$L(\pi) = \prod_{t=1}^{n} \pi^x(1-\pi)^{1-x} = \pi^k(1-\pi)^{n-k} \tag{6.23}$$

如果样本失败率 $\hat{\pi}(\hat{\pi} = k/n)$ 是总体 π 的无偏估计，那么：

$$L(\hat{\pi}) = (k/n)^k(1-k/n)^{n-k} \tag{6.24}$$

定义 $\pi = p$，则 p 是 VaR 模型中设定的每日最大损失超过 VaR 的概率，则其似然函数为：

$$L(p) = \prod_{t=1}^{n} p^x(1-p)^{1-x} = p^k(1-p)^{n-k} \tag{6.25}$$

则似然比检验的最终统计量为：

$$LR_{uc} = -2\ln\left[p^k(1-p)^{n-k} + 2\ln(k/n)^k(1-k/n)^{n-k}\right] \tag{6.26}$$

与公式（6.21）一样，LR 是自由度为 1 的卡方变量，当样本容量趋于无穷是，LR 渐进服从自由度为 1 的卡方分布。其检验方法如下：

零假设 $\qquad\qquad H_0 : k/n = p$

备选假设 $H_1 : k/n \neq p$

拒绝域 $LR_{uc} > (x_1^2)^{-1}$

其中 $(x_1^2)^{-1}$ 为 x_1^2 分布但闻概率的反函数值。

第四节　社保基金投资 A 股市场的数据分析

目前对于社保基金投资 A 股市场的风险研究,学者大多假设社保基金在一年内投资的股票不变,持仓的前十大重仓股能够代表整个社保基金投资组合。这有两个缺陷:首先社保基金的持有期并不是以年为周期进行调整,而是在每一季度结束后有所调整(表 6-4);其次十大重仓股并不能全面地描述社保基金的投资情况(图 6-8)。

表 6-4　社保基金十大重仓股分布

社保基金十大重仓股	2012 年第二季度	2012 年第三季度	2012 年第四季度	2013 年第一季度
	美的电器	华侨城 A	大秦铁路	大秦铁路
	华侨城 A	上汽集团	保利地产	保利地产
	中国建筑	伊利股份	华侨城 A	中国太保
	上汽集团	苏宁云商	上汽集团	上汽集团
	伊利股份	双汇发展	双汇发展	中国人寿
	国投电力	中国建筑	苏宁云商	国投电力
	重庆百货	重庆百货	山煤国际	山煤国际
	双汇发展	国投电力	中国国旅	双汇发展
	平安银行	平安银行	中国建筑	重庆百货
	新希望	双鹭药业	重庆百货	同仁堂

数据来源:金融界基金频道 http://www.jrj.com.cn/

单位:万元

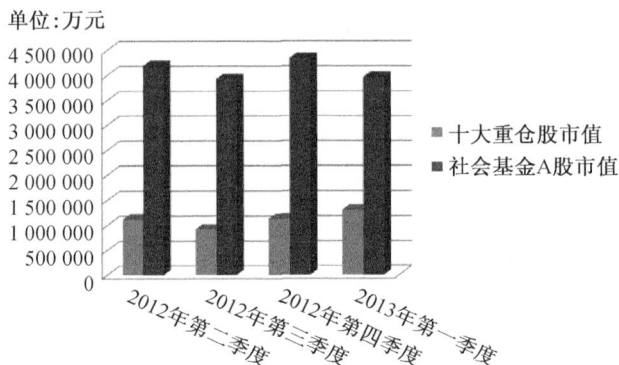

图 6-8　社保基金 A 股市值与十大重仓市值比较

数据来源:CSMAR 数据库

在表 6-4 中可以看出,在一年的持续期内,只有上汽集团、重庆百货、双汇发展 3 只股票一直处在前十大重仓股,社保基金的调仓频率要快于一年。而在图 6-8 中,从 2012 年第二季度到 2013 年第一季度十大重仓股市值占总 A 股市值分别为 26.75%,23.50%,25.98%,32.96%,这个比例远不能反映社保基金投资 A 股市场的总体风险情况。本书将考虑社保基金所持有的所有流通 A 股,从而对其市场风险能有较为全面的测量。

(一)社保基金投资 A 股市场的数据来源与特征描述

金融界基金频道(http://www.jrj.com.cn/)记录了社保基金持仓情况,社保基金由全国社会保障基金理事会(以下简称社保理事会)委托基金公司或相关投资机构进行投资。目前参与社保基金投资的基金公司有 2003 年 6 月通过社保理事会公开招标的第一批基金公司,包括博时、鹏华、南方、长盛、华夏、嘉实基金管理有限公司,第二批社保基金委托投资管理人在 2004 年通过,此次有中国国际金融有限公司,招商、国泰、易方达基金管理有限公司,2009 年底社保理事会又增加了 8 家公司为社保基金投资管理人：中信证券股份有限公司,富国、广发、海富通、银花、汇添、工银瑞信、丈成基金管理有限公司。这样便产生了 2 家证券公司与 16 家基金公司共同管理社保基金的局面。这 18 家投资管理公司管理了 30 个投资组合,各个投资组合相互独立运作。除了这些全国性投资公司外,还有一些地方性的社保基金管理机构进行 A 股投资:新疆电力公司企业年金计划、湖南省电力公司企业年金计划等。

根据金融界基金频道的记录,社保基金从 2012 年第二季度至 2013 年第一季度持有 A 股数目分别为 291,325,343,302。可见社保基金 A 股持仓数大体保持在 300 支左右以分散风险。

在 CSMAR 数据库中查询这些 A 股的具体收盘价作为其当日价格,将收盘价乘以个股的持股数量得到个股当日持有市值。在持续期内由于某些股票出现了分红派息,所以必须对这些股票进行除权除息,经 Wind 数据库统计整个研究期内需要进行除权除息的上市公司分别有 198,61,5,4 家。

在持续期内,一些股票由于各种原因,存在停盘现象,为了保证数据的有效性(停盘的股票,收益为零,故不存在市场风险),所以将这些数据剔除。本书将持续期内,停盘时间超过 7 个交易日的股票剔除,从 2012 年第二季度至 2013 年第一季度,这样的股票分别有 16,14,6,9 家,剔除这些股票后,有效 A 股分别为 275,311,337,293。表 6-5 为研究期内社保基金投资 A 股的总体描述。

表 6-5 社保基金投资的 A 股分布

	2012 第二季度	2012 第三季度	2012 第四季度	2013 第一季度
社保基金委托管理基金公司数	43	46	52	49
社保基金投资股票数量	291	325	343	302
剔除研究期内停盘股票的投资股票数	275	311	337	293
除权除息的股票数	198	61	5	4
社保基金交易日数	59	65	59	56

数据来源:金融界基金频道 http://www.jrj.com.cn/,CSMAR 数据库

(二) 社保基金投资 A 股市场的数据主成分分析

由于每一季度的股票数目庞大,直接进行模型拟合计算量过大并且容易出错,本书将这些股票进行行业归类,进行简化。本书采用的是证监会行业划分标准,具体来说分为 A 类(农、林、牧、渔业),B 类(采掘业),C 类(制造业),D 类(电力、煤气及水的生产和供应业),E 类(建筑业),F 类(交通运输业),G 类(信息技术业),H 类(批发和零售贸易),I 类(金融、保险业),J 类(房地产业),K 类(社会服务业),L 类(传播与文化产业),M 类(综合类)。图 6-9 描述了 2012 年第二季度社保基金持股的行业状况。

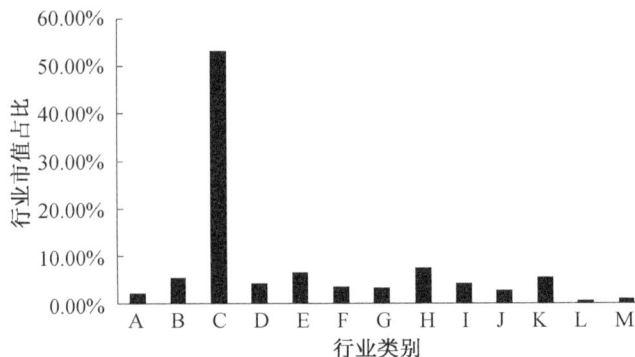

图 6-9 社保基金持股的行业分布(2012 年第二季度)
数据来源:CSMAR 数据库

不难看出,社保基金对于制造业的投资比例最高,这是由于制造业在整个市场所占的份额很高。所以必须将制造业进行细分:C0(食品、饮料),C1(纺织、服装、皮毛),C2(木材、家具),C3(造纸、印刷),C4(石油、化学、塑胶、塑料),C5(电子),C6(金属,非金属),C7(机械、设备、仪表),C8(医药、生物制品),C99(其他制造业)。表6-6至表 6-9 将社保基金所持的制造业按照证监会标准继续细分,并与证券市场中各行业进行比较。

表 6-6　证券市场与社保基金行业分布(2012 年第二季度)

行业代码/行业名称	证券市场行业分布比例	社保基金持股行业分布情况	相对差异
A 农林牧渔	1.33%	2.18%	63.42%
B 采掘业	2.43%	5.40%	122.75%
C 制造业	60.91%	53.06%	−12.89%
C0 食品饮料	3.84%	12.17%	217.00%
C1 纺织服装	2.13%	1.07%	−49.60%
C2 木材家具	0.52%	0.69%	32.12%
C3 造纸印刷	1.51%	0.25%	−83.15%
C4 石化塑胶	9.13%	2.56%	−71.91%
C5 电子	8.39%	3.38%	−59.72%
C6 金属非金属	12.54%	7.19%	−42.63%
C7 机械设备	17.83%	19.55%	9.64%
C8 医药生物	4.14%	5.84%	41.18%
C99 其他制造业	0.88%	0.34%	−60.82%
D 水电煤气	3.21%	4.20%	31.04%
E 建筑业	1.49%	6.66%	347.27%
F 运输仓储	2.01%	3.50%	74.40%
G 信息技术	5.48%	3.25%	−40.78%
H 批发零售	4.57%	7.49%	63.71%

(续　表)

行业代码/行业名称	证券市场行业分布比例	社保基金持股行业分布情况	相对差异
I 金融保险	3.44%	4.28%	24.31%
J 房地产业	8.87%	2.78%	−68.70%
K 社会服务	3.51%	5.57%	58.76%
L 传播文化	0.90%	0.67%	−25.15%
M 综合类	1.85%	0.97%	−47.81%

注:相对差异＝(社保基金持股行业分布−证券市场行业分布)/证券市场行业分布

数据来源:CSMAR 数据库,深圳、上海证券交易所统计月报

表 6-7　证券市场与社保基金行业分布(2012 年第三季度)

行业代码/行业名称	证券市场行业分布比例	社保基金持股行业分布情况	相对差异
A 农林牧渔	1.65%	1.92%	16.23%
B 采掘业	4.23%	3.77%	−10.89%
C 制造业	61.22%	57.21%	−6.54%
C0 食品饮料	10.08%	13.91%	38.03%
C1 纺织服装	2.01%	1.18%	−41.17%
C2 木材家具	0.29%	0.39%	33.72%
C3 造纸印刷	1.13%	0.55%	−51.07%
C4 石化塑胶	7.40%	3.52%	−52.46%
C5 电子	6.47%	3.77%	−41.79%
C6 金属非金属	9.70%	4.26%	−56.04%
C7 机械设备	16.12%	14.57%	−9.62%
C8 医药生物	7.35%	10.76%	46.52%
D 水电煤气	2.40%	4.30%	79.02%
E 建筑业	1.89%	5.99%	217.36%
F 运输仓储	1.42%	2.89%	103.03%
G 信息技术	5.60%	2.92%	−47.82%
H 批发零售	4.48%	10.12%	125.75%
I 金融保险	4.58%	3.29%	−28.10%

（续　表）

行业代码/行业名称	证券市场行业分布比例	社保基金持股行业分布情况	相对差异
J 房地产业	6.84%	3.75%	−45.16%
K 社会服务	3.26%	5.78%	77.31%
L 传播文化	1.00%	1.41%	40.69%
M 综合类	0.50%	0.94%	87.04%

注:相对差异＝(社保基金持股行业分布−证券市场行业分布)/证券市场行业分布

数据来源:CSMAR 数据库,深圳、上海证券交易所统计月报

表 6-8　证券市场与社保基金行业分布(2012 年第四季度)

行业代码/行业名称	证券市场行业分布比例	社保基金持股行业分布情况	相对差异
A 农林牧渔	1.74%	2.16%	23.97%
B 采掘业	3.99%	5.04%	26.10%
C 制造业	59.94%	45.65%	−23.84%
C0 食品饮料	8.91%	8.21%	−7.78%
C1 纺织服装	1.92%	1.03%	−46.51%
C2 木材家具	0.31%	0.48%	52.50%
C3 造纸印刷	1.15%	0.28%	−75.54%
C4 石化塑胶	7.09%	3.59%	−49.43%
C5 电子	6.27%	4.30%	−31.42%
C6 金属非金属	9.30%	4.19%	−54.93%
C7 机械设备	17.06%	12.89%	−24.44%
C8 医药生物	7.25%	10.47%	44.36%
C99 其他制造业	0.66%	0.21%	−68.91%
D 水电煤气	2.40%	3.85%	60.85%
E 建筑业	2.35%	6.86%	192.57%
F 运输仓储	1.47%	6.09%	314.04%
G 信息技术	5.30%	3.40%	−35.86%
H 批发零售	4.12%	8.96%	117.68%
I 金融保险	4.65%	2.54%	−45.32%

（续　表）

行业代码/行业名称	证券市场行业分布比例	社保基金持股行业分布情况	相对差异
J 房地产业	8.28％	6.30％	−23.90％
K 社会服务	3.31％	6.52％	96.95％
L 传播文化	0.95％	2.02％	112.10％
M 综合类	1.50％	0.60％	−60.15％

注:相对差异＝(社保基金持股行业分布−证券市场行业分布)/证券市场行业分布
　数据来源:CSMAR 数据库,深圳、上海证券交易所统计月报

表 6-9　证券市场与社保基金行业分布(2013 年第一季度)

行业代码/行业名称	证券市场行业分布比例	社保基金持股行业分布情况	相对差异
A 农林牧渔	1.66％	0.74％	−55.52％
B 采掘业	3.77％	6.19％	64.48％
C 制造业	59.51％	44.60％	−25.05％
C0 食品饮料	7.83％	6.29％	−19.71％
C1 纺织服装	1.87％	1.20％	−35.84％
C2 木材家具	0.30％	0.32％	6.83％
C3 造纸印刷	1.13％	0.39％	−65.59％
C4 石化塑胶	7.13％	4.77％	−33.13％
C5 电子	6.29％	5.03％	−20.02％
C6 金属非金属	8.77％	3.42％	−60.97％
C7 机械设备	17.58％	14.52％	−17.38％
C8 医药生物	7.91％	8.66％	9.44％
D 水电煤气	2.12％	5.90％	178.78％
E 建筑业	2.20％	2.07％	−5.79％
F 运输仓储	1.44％	8.71％	506.64％
G 信息技术	5.48％	5.37％	−1.96％
H 批发零售	4.14％	6.61％	59.38％
I 金融保险	5.86％	7.73％	31.86％

行业代码/行业名称	证券市场行业分布比例	社保基金持股行业分布情况	相对差异
J 房地产业	7.89%	8.01%	1.47%
K 社会服务	3.45%	2.25%	−35.00%
L 传播文化	1.06%	1.83%	73.10%

注：相对差异＝（社保基金持股行业分布－证券市场行业分布）/证券市场行业分布

数据来源：CSMAR 数据库，深圳、上海证券交易所统计月报

从相对差异的计算公式可以看出，当相对差异值为正时，社保基金看好该行业的发展前景，对于该行业股票持积极持有策略；相反，如果相对差异为负值，社保基金看空该行业的发展前景，对该行业股票持消极持有策略。在研究期内，社保基金较为青睐的行业有运输仓储业、批发零售业、建筑业、采掘业以及子行业木材家具，医药生物，而对持有份额最高的制造业其实并非看好。

采用 VaR 方法对样本进行风险测算时，如果样本容量很大，计算很不方便，为了简化计算，我们将结合社保基金对行业投资的比例及偏好，对于社保基金的投资行业进行整合。

原 A 类（农、林、牧、渔业）由于其在社保基金占比较低，且并非明显正差异，所以将该行业归为待合并行业。

原 B 类（采掘业）、D 类（水电煤气）、K 类（社会服务业）、L 类（传播与文化产业）为社保基金青睐的投资行业，但在社保基金整体的投资中占的比例较低，所以将该行业也归位待合并行业。

在 C 类（制造业）中，木材家具、医药生物是社保基金看好的次类行业，但木材家具的持有份额太低（不足 1%），而医药生物的持有份额在 10% 左右，所以保留医药生物类别，而将木材家具归为待合并子行业。制造业中，食品饮料、机械设备为持有比例最高的两个子

行业,所以将保留这两个字类别,并将其他制造业合并,归为其他制造业。

原 E 类(建筑业),F 类(交通运输业)同为社保基金青睐行业,但由于各自所占比例均较小,所以将这两行业合并。

原 G 类(信息技术业)为负差异且占社保基金比例低的行业,所以将该行业贵为待合并行业。

原 H 类(零售批发业)有一定的社保基金的份额,并且是社保基金长期正差异的行业,所以保留该行业类别。

原 I 类(金融保险)、J 类(房地产业)由于其相关性较大,并且两者所占社保基金的投资比例较大,所以将两者合并。

综上所述,表 6-10 将原行业重新划分。

表 6-10　社保基金行业分布

行业代码/行业名称	2012 第二季度	2012 第三季度	2012 第四季度	2013 第一季度
A0(C0 食品饮料)	12.17%	13.91%	8.21%	6.29%
A1(C7 机械设备)	19.55%	14.57%	12.89%	14.52%
A2(C8 医药生物)	5.84%	10.76%	10.47%	8.66%
A3(其他制造业)	15.16%	13.68%	13.87%	15.13%
A4(建筑仓储 E&F)	10.16%	8.89%	12.95%	10.78%
A5(采掘信息业 B&G)	8.65%	6.69%	8.44%	11.57%
A6(批发零售业 H)	7.49%	10.12%	8.96%	6.61%
A7(金融房产业 I&J)	7.06%	7.05%	8.84%	15.74%
A8(其他行业)	13.93%	14.35%	15.37%	10.71%

数据来源:CSMAR 数据库,深圳、上海证券交易所统计月报

这样便把社保基金近似看成拥有九项资产的投资组合。

（三）社保基金投资 A 股市场的描述性概述

由于社保基金投资股市采用委托—代理的投资模式,众多基金、证券公司独立管理社保基金的运作,而作为社保基金总负责单位全国社保基金理事会对于各个基金公司的具体投资又不集中公布(一般只公布十大重仓股),所以搜集社保基金投资 A 股的数据十分繁琐。此外社保基金一直秉承的长期、稳定、低风险的投资理念,决定了其必然分散化投资,所以社保基金投资的股票数量众多。在这众多股票中,往往有些股票会有除权除息,更改上市名称,或是更改其所属行业等重大事项,这就要求研究者对其进行相应的处理。社保基金在稳健投资理念下,往往还追求价值投资,发现 A 股中具有巨大成长潜力的股票,所以社保基金在每一个季度都有一定的调整,这也导致了对社保基金风险研究的难度增加。

2012 年 11 月 13 日,全国社会保障理事会理事长戴相龙明确表示,中国的股市已经到了低点,相信在 2013 年,股市会有很好的表现。因此在 2013 年,更多的投资于一些高成长性的行业,在新增的 81 家上市公司中有 52 家是高成长型企业。但由于最近股市并不十分稳定,在增加对高成长企业的投资同时也加大了对社保基金重仓股的投资总额,这是因为社保基金投资的重仓股往往是大盘蓝筹股,抗风险能力相对较强。社保基金在投资流程上也一直坚持规范投资,不做内幕交易。股市投资的收益与经济的增长是分不开的,只有国民经济稳步增长,整个股市才能健康稳定的发展,社保基金才能共享社会进步的成果。总的来说不难看出社保基金的投资理念:价值投资理念;长期投资理念;责任投资理念。

第五节 社保基金投资股市的 VaR 风险测度

此部分为本书的实证部分,主要是通过德尔塔-正态法、历史模拟法以及蒙特卡罗法对社保基金投资的 A 股情况进行风险估值。这三种方法如前所述,各有其优缺点,本章将其与社保基金的数据特征结合,以判断何种方法更适合对社保基金进行拟合分析。

本书采集的数据是从 2012 年第二季度到 2013 年第一季度的社保基金投资 A 股市场的股票收盘价。之所以选取这个跨度是因为本书写作的时间是在 2013 年 6 月份,所能搜集到的最新数据是 2013 年第一季度,并在此基础上扩展到一个年度的持续期。这样保证了一定的数据量,有利于保证数据处理的有效性。

(一) VaR 风险测量对模型的前提假设检验

如上文所述,VaR 模型通常有如下假设:市场是有效性的,其收益率是平稳的;市场收益率分布为正态分布,市场波动是随机的,不存在自相关。所以应用 VaR 方法对社保基金的 A 股市场投资风险分析之前,需要对模型进行假设检验,验证所做的实证分析是有意义的,这里采用 Excel 软件进行社保基金日收益率的平稳性,正态性进行检验。

1. 社保基金投资股市的平稳性检验

平稳性检验时研究一个时间序列的重要前提,如果时间序列的均值方差随着时间的变化而相应变化,则此序列是非平稳的,反之

则是平稳的。本书采用的是 ADF 检验,检验结果如表 6-11 所示:

表 6-11　社保基金收益率的平稳性检验

	显著性水平	T-统计值	p 值
ADF 测试统计值		−7.622 159 27	0.01
测试临界值	1% level	−3.994 333 33	
	5% level	−3.431 733 33	
	10% level	−3.131 733 33	

由于 t 检验值小于不同检验水平下的临界值,说明社保基金收益率为平稳序列,而 p 值也验证了社保基金收益率的平稳性。

2. 社保基金投资股市的正态性检验

在使用 VaR 对模型进行风险估值时,往往假设模型符合正态分布,这是因为正态分布有着良好的统计特征,仅需使用均值、方差就能确定模型的分布形式,从而达到简化计算的目的。不仅如此,数据序列是否满足正态性,往往直接影响 VaR 估值的准确性。为了满足以下对社保基金风险估值的计算,需要对社保基金收益率进行正态性检验。本书采用正态 Q-Q 图对社保基金进行正态性检验。如图 6-10 所示:

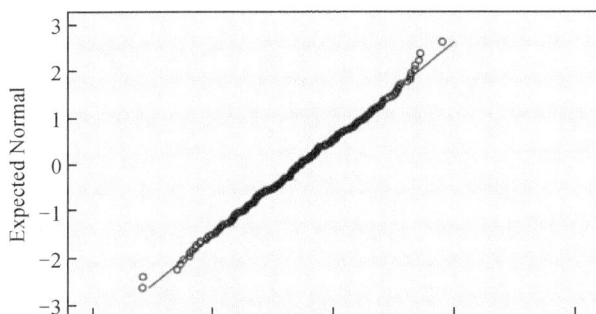

图 6-10　社保基金投资收益率的 Q-Q 图

如图所示,社保基金投资收益率序列的 Q-Q 图的中间部分很好地与正态分布标准值重合,虽然在两端有所偏离,但并非十分明显,所以认为社保基金投资收益率满足正态分布。

(二) 社保基金投资 A 股市场与上证指数的风险比较

对于社保基金投资 A 股数据初步整理后,得到其在研究期的日均收益率,可以通过资本资产定价模型确定其资产风险,即 β 系数。β 系数是反映单只股票在市场平均市场风险水平下的风险大小程度,是测量股票市场风险的一个较为简单直观的指标。当 β 系数等于 1 时其风险程度相当于整体市场风险,当 β 系数大于 1 时,其风险程度高于市场平均风险,当 β 系数小于 1 时,其风险程度低于市场平均风险。

资本资产定价模型是资本市场理论的核心,描述了单个证券和证券组合的收益与风险的关系,其基本公式为:

$$R_i = R_F + \beta_i(R_m - R_F) \tag{6.27}$$

其中,R_i 为目标证券 i 的期望收益率,R_F 为无风险收益率,R_m 为证券投资组合的期望收益率,β_i 为证券 i 的风险系数即 β 系数。

我们将上证指数的日收益率定为市场平均收益率,将社保基金与上证指数进行回归分析得到社保基金的特征线。

由此可见,社保基金的 β 系数为 1.021,其风险水平大致与市场平均风险一致,可以称为平均风险程度投资组合。这正是由于社保基金秉承的长期投资分散策略决定的。社保基金并不会以短期投资行为,依靠股市大起大落谋取盈利,而是旨在分享股市健康发展,国民经济稳步增长的成果。

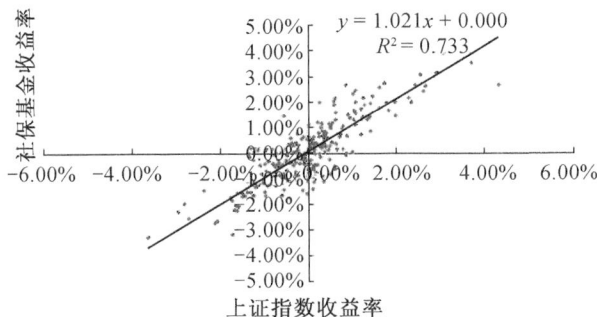

图 6-11　社保基金与上证指数收益率关系

数据来源：CSMAR 数据库，Wind 数据库

对于社保基金的拟合结果，基于 EXCEL 软件进行回归分析，分析结果如表 6-12 所示：

表 6-12　社保基金与上证指数收益率拟合回归结果

	df	SS	F	F_α	R	R^2	α	β
回归分析	1	0.029 5	658.74	1.25E－7	0.856 6	0.733 7	0.000 6	1.021 2
残差	239	0.010 7						
总计	240	0.040 3						

虽然 R^2 值并不是很大，但 F_α 的值为 1.25E－7＜0.000 1，故置信度能达到 99％，所以该回归还是可信的。

（三）社保基金投资 A 股市场的德尔塔-正态法风险测度

1. 基于德尔塔-正态模型社保基金风险分析

德尔塔-正态法的基本假设是所有资产的投资回报率满足正态分布，并且各期的投资收益率相互独立。由于社保基金每个季度的投资头寸都不相同，所以我们需要对每一季度都进行单独的 VaR 风险估计。在这作者列出了 2013 年第一季度的实证过程。

在第三章对社保基金行业划分成 A0 至 A8 这 9 个投资组合后，

把这 9 个投资组合的每一个都看成是一个单项投资,计算其在持续期内的日收益率。计算公式如下:

$$R_t = \frac{S_t - S_{t-1}}{S_t} \qquad (6.28)$$

其中 R_t 为投资收益率,S_t 为 t 日该行业市值,S_{t-1} 为 $t-1$ 日该行业市值。由 Excel 软件处理可得到日收益率表 6-13:

表 6-13　社保基金的行业日均收益率(2013 年第一季度)

	A0	A1	A2	A3	A4	A5	A6	A7	A8
01/07/13	1.45%	0.60%	1.71%	1.46%	−0.14%	0.75%	1.33%	−1.12%	1.25%
01/08/13	2.66%	0.34%	2.07%	1.57%	−0.80%	1.23%	1.73%	−2.07%	0.92%
01/09/13	1.57%	0.65%	−0.02%	0.71%	0.75%	1.57%	0.45%	0.00%	−0.56%
01/10/13	−0.03%	−0.39%	0.86%	0.07%	1.41%	0.14%	−0.25%	0.72%	0.28%
01/11/13	−1.46%	−1.29%	−0.96%	−1.97%	−1.36%	−1.22%	3.03%	−2.53%	−1.41%
01/14/13	3.60%	4.11%	4.11%	4.17%	2.59%	3.73%	3.42%	4.73%	2.86%
01/15/13	1.67%	1.25%	1.27%	2.94%	1.01%	1.24%	0.51%	0.29%	1.12%
01/16/13	0.64%	−0.92%	0.75%	0.24%	−0.84%	−0.49%	0.50%	−2.92%	−0.42%
01/17/13	0.43%	−1.39%	0.63%	−1.33%	0.90%	−1.71%	−1.22%	−1.56%	−0.44%
01/18/13	0.88%	3.11%	2.02%	1.17%	1.07%	1.66%	1.75%	3.20%	1.66%
01/21/13	−1.48%	0.98%	1.17%	0.67%	0.65%	1.02%	1.39%	−1.90%	0.19%
01/22/13	−1.14%	−0.71%	−1.82%	−1.26%	1.64%	−0.97%	−0.76%	−2.03%	
01/23/13	0.48%	−0.09%	0.34%	0.42%	−0.23%	0.05%	−0.79%	0.02%	−0.58%
01/24/13	−2.34%	−2.40%	−1.17%	−2.37%	−1.35%	−2.62%	−2.33%	−0.73%	−1.25%
01/25/13	0.09%	1.38%	2.70%	0.19%	0.64%	0.10%	−0.55%	−3.16%	0.01%
01/28/13	1.33%	3.27%	2.68%	2.68%	3.18%	2.48%	2.63%	2.84%	1.88%
01/29/13	0.82%	0.18%	−0.39%	1.16%	0.54%	1.14%	0.00%	−0.16%	0.32%
01/30/13	−0.49%	−0.83%	−0.51%	0.12%	−0.61%	0.04%	0.97%	2.26%	−0.73%

（续　表）

	A0	A1	A2	A3	A4	A5	A6	A7	A8
01/31/13	−0.33%	−0.50%	−1.04%	−1.18%	−0.20%	0.10%	−0.43%	−2.59%	1.65%
02/01/13	1.24%	0.22%	−0.12%	0.65%	0.61%	0.77%	0.65%	2.68%	0.68%
02/04/13	−2.18%	0.10%	−2.48%	−1.06%	−1.53%	1.27%	−1.44%	−1.52%	−0.03%
02/05/13	1.96%	1.85%	2.11%	1.97%	1.43%	0.84%	0.39%	−0.34%	0.77%
02/06/13	−0.39%	−0.28%	1.71%	1.12%	−0.18%	0.11%	1.33%	−0.70%	−0.09%
02/07/13	2.32%	0.98%	1.31%	1.15%	0.59%	0.67%	0.99%	−0.59%	0.22%
02/08/13	0.77%	4.18%	2.76%	2.38%	1.84%	0.80%	2.76%	−0.12%	1.27%
02/18/13	−0.65%	0.99%	−0.13%	0.13%	5.61%	−0.63%	−0.74%	−2.19%	0.36%
02/19/13	−0.18%	−2.91%	−0.68%	−2.38%	−0.76%	−2.64%	−1.62%	−3.18%	−2.17%
02/20/13	2.67%	1.76%	4.64%	2.26%	0.61%	1.74%	3.06%	1.14%	2.58%
02/21/13	−0.01%	−3.11%	−1.87%	−1.73%	−2.98%	−3.41%	−1.72%	−2.22%	−1.79%
02/22/13	0.28%	−1.68%	−0.40%	−0.40%	0.83%	−0.25%	0.04%	−0.29%	1.38%
02/25/13	0.39%	1.38%	1.34%	2.02%	1.40%	1.16%	1.29%	−0.84%	1.02%
02/26/13	−1.85%	−1.72%	−0.41%	−0.79%	−2.70%	−1.47%	−1.54%	−1.96%	−1.26%
02/27/13	−0.48%	0.12%	−1.27%	−0.30%	−0.54%	−0.08%	−0.91%	2.43%	0.17%
02/28/13	1.19%	2.37%	1.81%	1.99%	2.91%	2.31%	1.22%	3.08%	1.50%
03/01/13	0.24%	0.83%	2.46%	2.37%	0.41%	0.25%	1.35%	−1.80%	0.64%
03/04/13	−0.24%	−4.44%	−0.32%	−3.13%	−0.81%	−4.57%	−2.41%	−7.91%	−2.35%
03/05/13	2.50%	2.45%	3.30%	3.04%	0.50%	1.85%	1.72%	0.38%	1.78%
03/06/13	0.87%	1.57%	1.08%	1.99%	0.91%	1.26%	1.17%	1.36%	2.66%
03/07/13	−1.03%	−1.49%	−3.18%	−1.92%	−2.62%	−0.62%	−0.94%	−0.78%	−1.74%
03/08/13	−1.70%	−0.19%	−1.18%	−1.22%	−1.20%	−1.24%	−0.79%	0.53%	−1.01%
03/11/13	0.28%	−0.14%	1.07%	0.31%	0.61%	−0.15%	−0.71%	0.79%	0.16%
03/12/13	−2.28%	−2.19%	−3.05%	−2.40%	−2.78%	−1.52%	−2.25%	−0.42%	−1.63%

	A0	A1	A2	A3	A4	A5	A6	A7	A8
03/13/13	−0.59%	−1.95%	−0.66%	−0.52%	−0.83%	0.44%	−1.33%	−2.78%	−1.54%
03/14/13	−1.20%	1.05%	2.20%	1.98%	0.42%	1.07%	1.30%	−0.07%	1.18%
03/15/13	0.25%	0.97%	1.11%	1.21%	2.94%	0.27%	0.17%	−1.37%	0.39%
03/18/13	−0.15%	−1.57%	−0.85%	−0.45%	−2.03%	2.13%	−1.22%	−1.42%	0.82%
03/19/13	0.75%	0.52%	−1.05%	−0.64%	−0.47%	0.04%	−0.72%	2.32%	0.80%
03/20/13	1.84%	3.73%	2.35%	2.78%	1.47%	2.73%	2.23%	3.78%	1.58%
03/21/13	0.16%	1.09%	1.62%	2.77%	0.51%	1.64%	0.91%	−0.29%	0.90%
03/22/13	−0.18%	0.07%	0.72%	0.35%	1.23%	0.44%	0.68%	0.34%	−0.11%
03/25/13	−0.22%	−0.67%	−1.17%	1.21%	−1.12%	−0.89%	−1.07%	0.33%	0.40%
03/26/13	1.88%	−0.87%	0.64%	0.89%	−1.50%	−0.71%	−0.81%	−0.75%	−0.73%
03/27/13	−0.84%	0.68%	1.45%	−0.25%	−0.52%	−0.11%	1.16%	1.18%	0.49%
03/28/13	−0.53%	−1.37%	−0.97%	−2.63%	−1.65%	2.19%	−2.04%	−2.04%	−3.15%
03/29/13	−1.35%	−0.20%	−0.89%	−0.25%	0.73%	0.29%	−1.07%	−1.14%	−0.19%

注:A0(C0 食品饮料);A1(C7 机械设备);A2(C8 医药生物);A3(其他制造业);A4(建筑仓储 E&F);A5
(采掘信息业 B&G);A6(批发零售业 H);A7(金融房产业 I&J);A8(其他行业)

进而对各行业的相关系数,协方差进行估计,计算公式如下:

$$cov(r_i, r_j) = \sigma_{ij}^2 = \frac{1}{T-1} \sum_{t=1}^{T} (x_{t,i} - \mu_i)(x_{t,j} - \mu_i) \quad (6.29)$$

$$\sigma^2 = \sum_{i=1}^{T} \sum_{j=1}^{T} \omega_i \omega_j cov(r_i, r_j) \quad (6.30)$$

其中,$cov(r_i, r_j)$ 表示 i 行业与 j 行业的相关程度,衡量两者之间的影响程度,若该值为正表示两者正相关,反之则反之。σ 表示风险大小,其值越大说明资产的风险越大,由 Excel 软件可计算社保基金个行业的相关系数矩阵与协方差矩阵:

表 6-14　社保基金的行业相关系数（2013 年第一季度）

	A0	A1	A2	A3	A4	A5	A6	A7	A8
A0	1								
A1	0.568 8	1							
A2	0.691 7	0.741 3	1						
A3	0.700 9	0.851 6	0.808 0	1					
A4	0.438 3	0.688 3	0.601 7	0.612 2	1				
A5	0.564 4	0.876 6	0.634 8	0.849 6	0.589 4	1			
A6	0.658 7	0.830 1	0.826 1	0.863 7	0.571 0	0.811 9	1		
A7	0.372 8	0.646 1	0.313 0	0.541 3	0.341 5	0.657 3	0.559 3	1	
A8	0.597 2	0.797 5	0.682 0	0.820 7	0.608 1	0.785 2	0.789 6	0.577 3	1

表 6-15　社保基金的行业房产协方差矩阵（2013 年第一季度）

	A0	A1	A2	A3	A4	A5	A6	A7	A8
A0	0.000 178	0.000 136	0.000 155	0.000 158	9.38E－05	0.000 117	0.000 131	0.000 105	0.000 105
A1	0.000 136	0.000 321	0.000 223	0.000 257	0.000 198	0.000 244	0.000 222	0.000 244	0.000 188
A2	0.000 155	0.000 223	0.000 282	0.000 229	0.000 162	0.000 166	0.000 207	0.000 111	0.000 151
A3	0.000 158	0.000 257	0.000 229	0.000 285	0.000 165	0.000 222	0.000 217	0.000 192	0.000 182
A4	9.38E－05	0.000 198	0.000 162	0.000 165	0.000 257	0.000 147	0.000 136	0.000 115	0.000 128
A5	0.000 117	0.000 244	0.000 166	0.000 222	0.000 147	0.000 241	0.000 188	0.000 215	0.000 161
A6	0.000 131	0.000 222	0.000 207	0.000 217	0.000 136	0.000 188	0.000 222	0.000 175	0.000 155
A7	0.000 105	0.000 244	0.000 111	0.000 192	0.000 115	0.000 215	0.000 175	0.000 443	0.000 16
A8	0.000 105	0.000 188	0.000 151	0.000 182	0.000 128	0.000 161	0.000 155	0.000 16	0.000 174

　　结合各行业占整个投资组合的比重见表 6-10 可以得出整个社保基金的标准差 σ＝0.016 01。在计算出组合方差后，可通过 Excel 软件根据不同的置信水平计算出相应的 VaR 值。其结果如下：

表 6-16　基于德尔塔-正态法的 VaR 测算值(2013 年第一季度)

	VaR 分位数			VaR 值(万元)		
置信水平	99.99%	99%	95%	99.99%	99%	95%
持有 1 天	2.41%	2.27%	2.13%	95 602.48	90 048.81	84 495.14
持有 10 天	5.12%	4.91%	4.52%	203 105.7	194 775.2	179 304.2

如表 6-16 所示,VaR 分位数中,2.41%表示投资组合的损失分位数,即在接下来的一天内在 99.99%的置信度下,最大损失总资产的 2.41%。203 105.7 表示风险资产额,即在接下来的十天内在 99.99%的置信度下总资产组合最大损失 203 105.7 万元。可以看出 VaR 随着置信水平的降低而降低,随着持有天数的增加而降低。这是因为,置信度越高,尾部风险向右移,风险加大;持有天数的增加,不确定因素也增加,导致风险的扩大。

此外,对研究持续期内的其他三个季度也做了 VaR 值测算,在此就不将计算过程一一罗列,由于每一季度的资产头寸各不相同,所以采用 VaR 分位数进行比较。

表 6-17　基于德尔塔-正态法的 VaR 测算值

	2012 第二季度		2012 第三季度		2012 第四季度		2013 第一季度	
置信水平	99%	95%	99%	95%	99%	95%	99%	95%
持有 1 天	2.41%	2.25%	2.52%	2.31%	2.18%	1.99%	2.27%	2.13
持有 10 天	5.09%	4.48%	12.43%	8.791%	10.71%	7.579%	11.78%	8.33%

由表 6-17 可见在这四个季度中,社保基金的风险有所波动,总体而言,后两个季度相对于前两个季度的风险逐步降低,在 2013 年第一季度有所上涨,其中 2012 年第四季度的风险值相对最小。结合社保基金各季度的收益率(表 5-8 所示),可以看出在 2012 年中,第

二季度的经济形式较为乐观,社保基金采用了适当比列的高风险成长企业,在第三季度社保基金加大了风险投资,却遭受了一定的损失,在第三季度的基础上,第四季度采取稳健型投资,投资风险较低的股票,效果却很好,获得了高额收益率。在 2013 年,由于股票的周期性与 2012 年第四季度的良好表现使社保基金适当的增加了一些高成长企业的投资。

表 6-18　社保基金与上证指数各季度收益率

	2012 年第二季度	2012 年第三季度	2012 年第四季度	2013 年第一季度
社保基金	0.25%	-6.55%	8.05%	7.50%
上证指数	-3.34%	-6.29%	9.39%	-1.77%

2. 基于单指数模型的社保基金风险测度

单指数模型假定投资组合收益的相关仅有一个原因,组合中的每个资产都会对市场组合做出相应的反应。当股票价格随着时间的变化而变化时,就是单指数模型的一种体现。简单说来,单指数模型的基本假设是:市场中绝大部分股票的股价随着市场指数的上升而上涨,随着市场指数的下滑而走低。

当组合中的资产数目非常多时,标准德尔塔-正态模型的计算量就非常大,这时用单指数模型估计组合的 VaR 就是一个不错的选择。本小节选取 2013 年第一季度的数据,对其进行单指数模型的 VaR 估值。单指数模型的方差-协方差矩阵的计算公式为:

$$\Omega = \begin{pmatrix} \beta_1 \\ \vdots \\ \beta_n \end{pmatrix} (\beta_1 \quad \cdots \quad \beta_n) \sigma_M^2 + \begin{pmatrix} \sigma_{\epsilon 1}^2 & & \\ & \ddots & \\ & & \sigma_{\epsilon n}^2 \end{pmatrix} \qquad (6.31)$$

其中 β_i 为资产组合中第 i 只股票的 β 系数，σ_M^2 为投资组合的方差，对角矩阵的元素 σ_{ei}^2 是资产 i 的可分散风险（特有风险），即资产 i 的回报与投资组合回归的预测标准误差。表 6-19、表 6-20 分别为 Excel 计算的对角矩阵与方差-协方差矩阵：

表 6-19　单指数模型的社保基金行业对角矩阵（2013 年第一季度）

	A0	A1	A2	A3	A4	A5	A6	A7	A8
A0	0.000 147	0	0	0	0	0	0	0	0
A1	0	0.000 101	0	0	0	0	0	0	0
A2	0	0	0.000 207	0	0	0	0	0	0
A3	0	0	0	0.000 127	0	0	0	0	0
A4	0	0	0	0	0.000 173	0	0	0	0
A5	0	0	0	0	0	5.61E−05	0	0	0
A6	0	0	0	0	0	0	0.000 1	0	0
A7	0	0	0	0	0	0	0	0.000 156	0
A8	0	0	0	0	0	0	0	0	7.15E−05

表 6-20　单指数模型的社保基金行业方差-协方差矩阵（2013 年第一季度）

	A0	A1	A2	A3	A4	A5	A6	A7	A8
A0	0.014 7%	0.000 1%	0.000 1%	0.000 1%	0.000 2%	−0.000 1%	0.000 1%	0.000 0%	−0.000 1%
A1	0.000 1%	0.010 1%	0.000 1%	0.000 0%	0.000 0%	0.000 0%	0.000 0%	0.000 0%	−0.000 2%
A2	0.000 1%	0.000 1%	0.020 7%	0.000 0%	0.000 1%	0.000 0%	0.000 2%	0.000 0%	0.000 0%
A3	0.000 1%	0.000 0%	0.000 0%	0.012 7%	0.000 0%	0.000 0%	0.000 0%	0.000 0%	−0.000 1%
A4	0.000 2%	0.000 0%	0.000 0%	0.000 0%	0.017 3%	0.000 1%	0.000 2%	0.000 1%	0.000 1%
A5	−0.000 1%	0.000 0%	0.000 0%	0.000 0%	0.000 1%	0.005 6%	0.000 0%	0.000 1%	0.000 0%
A6	0.000 0%	0.000 0%	0.000 2%	0.000 0%	0.000 2%	0.000 0%	0.010 0%	0.000 1%	−0.000 1%
A7	0.000 0%	0.000 0%	0.000 0%	0.000 0%	0.000 1%	0.000 0%	0.000 1%	0.015 6%	0.000 0%
A8	−0.000 1%	−0.000 2%	0.000 0%	−0.000 1%	0.000 1%	0.000 0%	−0.000 1%	0.000 0%	0.007 2%

由组合的方差-协方差矩阵便可以计算投资组合的 VaR 值,其算法与标准德尔塔-正态模型一致。最终得到单指数模型的社保基金投资 A 股的 VaR 值:

表 6-21　基于单指数模型的 VaR 测算值(2013 年第一季度)

	VaR 值(万元)		
置信水平	99.99%	99%	95%
持有 1 天	93 212.45	87 812.21	83 981.32
持有 10 天	19 456.87	18 827.43	16 5421.21
德尔塔-正态模型(一天 VaR)	95 602.48	90 048.81	84 495.14

单指数模型的 VaR 估计值特征与标准德尔塔-正态模型一致,但相对于标准德尔塔-正态模型,其 VaR 值较小,这时因为单指数模型的两个基本假设,单个证券只对系统风险有影响,而对非系统性风险不产生影响。单个证券的非系统性风险对其他证券非系统性风险没有影响,两种证券的回报率仅通过因素的共同反应相关联。这两个假设用公式表示为 $\mathrm{cov}(R_m, \varepsilon_i) = \mathrm{cov}(\varepsilon_i, \varepsilon_j) = 0$。所以虽然单指数模型可以简化模型的计算量,但也可能导致对整个投资组合的风险低估。

(四) 社保基金投资 A 股市场的历史模拟法风险测度

历史模拟法是以过去一段时间内的投资组合风险收益率的分布以及当前资产中各证券的比重,在给定的置信水平下计算投资组合的 VaR 值。历史模拟法假定投资收益率随时间独立同分布,历史数据样本的直方图是对收益真实分布的估计,收益率的分布形式完全由历史数据决定,不会丢失和扭曲信息。用公式表示为:

$$P_{p,t} = \sum_{i=1}^{n} w_{i,t} P_{i,t} \tag{6.32}$$

$$R_{P,t} = \sum_{i=1}^{N} w_{i,t} R_{i,t}, \ t = 1, 2, \cdots, T \tag{6.33}$$

其中 $P_{p,t}$ 表示投资组合的在 t 期的总头寸，$P_{i,t}$ 表示资产 i 的在 t 期的头寸，$R_{P,t}$ 为投资组合在 t 期的收益率，$w_{i,t}$ 为资产 i 所占组合的权重，$R_{i,t}$ 为资产 i 在 T 期的收益率。在实际操作中，往往通过构造投资组合的历史数据序列作为投资组合收益率，这样就得到当前的投资组合在历史上的假定收益分布，再结合风险价值的定义就可以求得 VaR 值。

历史模拟法的一般计算步骤如下：

(1) 根据公式(6.31)计算投资组合的价格；

(2) 根据公式(6.33)计算投资组合的每日收益率；

(3) 将每日收益率按升序排列，按照风险价值的定义，计算置信水平下的最坏收益率顺序数 m；

(4) 根据置信区间 c，得出 VaR 值，计算公式为：$P = \Delta P <$ VaR $= 1 - c = \dfrac{m}{n}$。

由于历史模拟法完全按照历史数据进行模拟，所以需要的样本较大。假设只对 2013 年第一季度的数据进行模拟，在 99% 置信水平下，VaR 分位数为样本数据数 $56 * (1 - 99\%) < 1$，这样结果就显的没有意义，所以本书在采用历史模拟法的时候假设持续期内投资头寸相同，对整个持续期内的样本收益率进行 VaR 值计算。

历史模拟法的计算相对简单，图 6-12 为社保基金日收益率分布直方图：

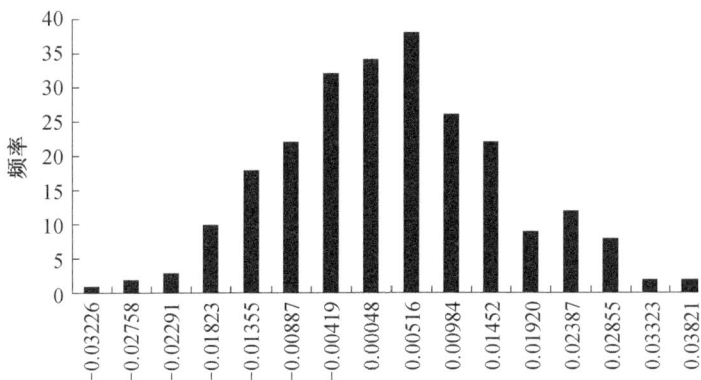

图 6-12　社保基金投资收益率分布直方图

由于数据容量有限，所以对于只对 99％和 95％的置信水平进行持有期一天 VaR 估值，结果如表 6-22 所示：

表 6-22　基于历史模拟法的 VaR 测算值

	VaR 分位数	
置信水平	99％	95％
持有一天的 VaR	2.18％	2.01％

从表 6-22 可以看出，历史模拟法的 VaR 估值为在 99％的置信水平下，在未来 24 小时内，投资组合的最大损失为总头寸的 2.18％；在 95％的置信水平下，在未来 24 小时内，投资组合的最大损失为总头寸的 2.01％。可以发现历史模拟法对于社保基金投资股市的 VaR 风险测算值低于德尔塔-正态法。这是因为历史模拟法假定历史在将来将会重演，而事实上如果时间窗口遗漏了某些重要事项，那么将会造成风险低估，过度依赖与样本数据，不能预测和反映未来资本市场的突发事件或是极端事件，对于每个历史情境都给

定相同的权重,这些都会造成对近期市场变化不能快速反应,从而低估市场风险。

(五)社保基金投资 A 股市场的蒙特卡罗法风险测度

蒙特卡罗法与历史模拟法一样,不需要对模型的分布做出假设。它主要是通过产生一个模拟的资产组合,并将这个资产组合的收益排序,以此估算给定置信水平下的 VaR 值。其估算的基本思路是:利用随机数发生器,通过对样本组合已有样本采取又放回的抽样(每个样本被抽到的概率相同),产生一系列符合历史分布的可能数据,然后对着一系列数据进行分布模拟,计算投资组合的可能损益分布,最后按照给定的置信水平估算 VaR 值。

本书采用 Excel 软件对社保基金投资 A 股市场的风险进行蒙特卡罗模拟,例举了 2013 年第一季度的历史模拟模拟法的过程。蒙特卡罗模拟的具体步骤如下:

(1) 用 Excel 的"随机数发生器"功能随机生成若干随机数。本书的随机模拟次数为 10 000 次,对于 8 个行业,则生成了 80 000 个随机数;

(2) 用各资产的历史回报率估算个资产的标准差和方差;

(3) 将这些随机数和上述方差参数带入随机股价公式模拟各行业的单日收益;

(4) 按照各行业占总投资组合的相应权重计算投资组合的单日投资收益。

重复(3),(4)步骤 10 000 次,便可以获得 10 000 个模拟的组合单日投资收益。用 Excel 的"PERCENTILE"找出这 10 000 个模拟组合回报 1％的分位数,在乘以组合的当前头寸,便得到了持有期为一日的在置信度为 99％的组合 VaR 值。

如表 6-23 列出了 2013 年第一季度的基于蒙特卡罗法的 VaR 测算值:

表 6-23　基于蒙特卡罗法的 VaR 测算值(2013 年第一季度)

	VaR 分位数			VaR 值(万元)		
置信水平	99.99％	99％	95％	99.99％	99％	95％
持有 1 天	2.61％	2.42％	2.35％	103 536.3	95 999.17	93 222.34
持有 10 天	5.33％	5.02％	4.68％	211 436.2	199 138.8	185 651.3

对比德尔塔-正态模型下的 VaR 测算值,基于蒙特卡罗法的 VaR 测算值要相对较高,这说明对于社保基金投资 A 股的市场风险敞口在蒙特卡罗法下暴露较大。这是因为,蒙特卡洛法对于模型的要求较低,虽然在上文已验证了社保基金收益率的平稳性及正态性,但其不可能完全符合标准正态分布,运用德尔塔-正态分布就会存在一定的误差,而蒙特卡罗法通过反复模拟,不断构造模拟路径,规避了模型本身的假设,在模拟的次数足够多时(至少都在 1 000 以上),模拟的 VaR 值就会与模型的真实 VaR 值非常接近。但此时,我们并不能说明蒙特卡罗法对于社保基金的市场风险测算要更好,因为其对模型的预测的准确性是建立在模拟的路径要与模型本身存在一致性,如果违背了这一假设,那么就可能存在严重的模型危险。对于 VaR 这三种基本方法的评价需要通过回测检验评定。

与德尔塔-正态分布一样,对研究持续期内的其他三个季度也做

了蒙特卡罗法的 VaR 值测算,显示结果采用分位数罗列,如表 6-24 所示:

表 6-24　基于蒙特卡罗法的 VaR 测算值

	2012 第二季度		2012 第三季度		2012 第四季度		2013 第一季度	
置信水平	99％	95％	99％	95％	99％	95％	99％	95％
持有 1 天	2.43％	2.30％	2.61％	2.42％	2.38％	2.11％	2.42％	2.35％
持有 10 天	5.34％	4.76％	5.41％	4.78％	4.81％	4.32％	5.21％	4.12％

基于蒙特卡罗法的 VaR 测算值与德尔塔-正态法的趋势大体相同,但是对于 2013 年第一季度的 VaR 测算值相对明显偏高,结合社保基金和上证指数的季度收益率可以看出虽然在 2013 年第一季度,社保基金的收益率高达7.5％,但上证指数实际上是下跌的,也就是说市场整体是有风险的。德尔塔-正态法可能对社保基金的风险存在低估。对于各模型的有效性,将在下节 VaR 的回测检验进行分析。

(六) 社保基金风险有效性的回测检验及效率评估

本书采用 Excel 软件对模型进行 VaR 回测,具体步骤如下:

(1) 根据模型的收益率序列,计算模型的 VaR 值,VaR 值在上文已经求出;

(2) 将每日的实际损失与其对应的每日 VaR 值进行比较,计算每日实际损失大于 VaR 值得天数;

(3) 观测 VaR 模型对不同置信水平下模型的有效性,在这里我们主要对 95％ 与 99％ 这两个置信水平进行模型检验。

得出的结果如图 6-13 与图 6-14 所示:

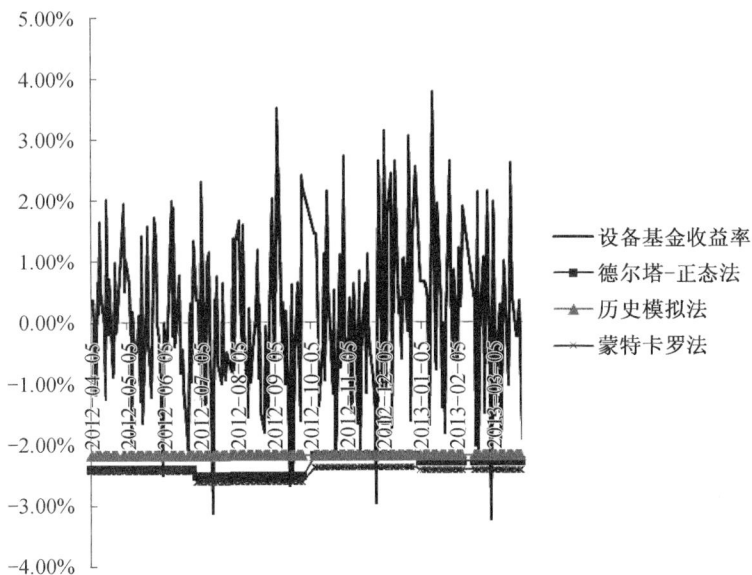

图 6-13　社保基金历史损益序列与 VaR 值(置信水平为 99%)

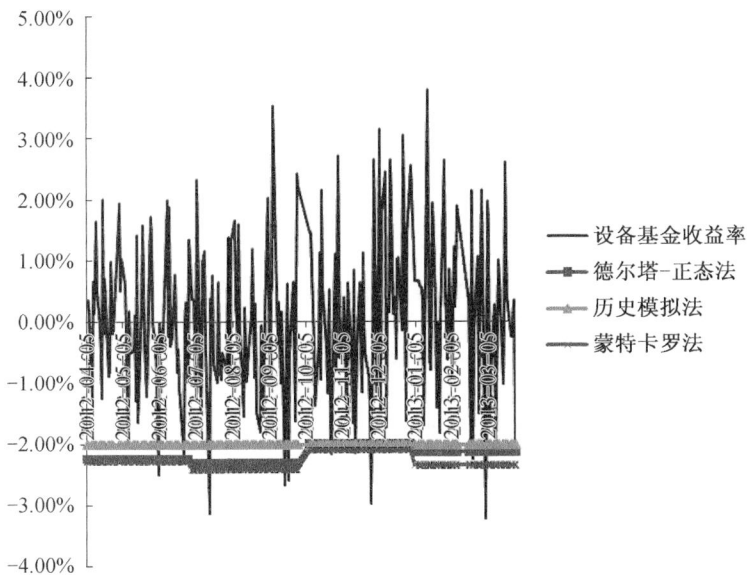

图 6-14　社保基金历史损益序列与 VaR 值(置信水平为 95%)

我们将得出的失败天数与 Kupiec 制定的 VaR 回测拒绝表进行对比,确定 VaR 三种基本测算方法的有效性:

表 6-25　社保基金的 VaR 回测检验

置信水平	失败次数 N 的非拒绝域	VaR 测算方法的失败次数		
		德尔塔-正态法	历史模拟法	蒙特卡罗法
99%	$N<7$	6	8	5
95%	$6<N<20$	10	11	8

可以看出在 99% 的置信水平下,历史模拟法的失败次数超出了失败次数 N 的拒绝域,表明基于历史模拟法的社保基金的 VaR 值存在风险低估,这是因为历史模拟法需要一个大样本的历史数据,一般要求三年以上的历史数据,而本书的研究持续期为一年,这便可能导致历史模拟法对于模型的测算失真。在 95% 的置信水平下,VaR 的三种基本模拟方法的实际失败次数都在失败次数 N 的非拒绝域中,表明这三种方法在此置信水平下均有效。但总体而言,对于社保基金的市场风险 VaR 测算精度上,蒙特卡罗法要优于德尔塔-正态法,而历史模拟法模拟的精度最差。

此外,在 95% 的置信水平下,三种模拟方法的失败次数都没有低于失败次数的下限,这表明模型不存在过于保守。但是蒙特卡罗法的失败次数为 8 次,接近非拒绝域的下限,这说明模型还是相对保守的。

综上所述,对于社保基金的市场风险测算,历史模拟法计算最为简单,但是由于本书的数据样本有限,不能满足历史模拟法的大样本数据的需要,并且本书只是将社保基金总体收益率进行模拟

（若对九个投资组合进行历史模拟法计算其 VaR 值,过程相当繁琐),所以结果产生了较大的偏差,其精确性在三种方法中位列最后。德尔塔-正态模型的计算也并不复杂,其结果的拟合程度也相对较好,这是由于本书选取的数据的平稳性较好,并大体符合正态分布,此种方法更加适合中小投资者进行相关分析。而蒙特卡罗法的计算相对复杂,本书只是采用了一个最简单的蒙特卡罗模型,并没用深入的展开。目前金融行业对于蒙特卡罗法的研究日益加深,蒙特卡罗法不需要对模型进行分布假设,能够拟合复杂的投资组合模型,很适合应用于社保基金的风险研究。从蒙特卡罗法的失败次数来看,该模型稍显保守,这也符合社保基金安全性的原则。

第六节　本　章　小　结

（一）研究结论

VaR 风险测量的核心就是测算投资组合的风险值。本书将社保基金投资于 A 股市场的全部股票作为研究对象,对其进行行业划分,通过 VaR 的三种基本模拟方法的实证分析,得到如下结论:

1. 对社保基金的风险测算采用蒙特卡罗法最佳

在 95% 的置信水平下,三种方法都通过了回测检验;在 99% 的置信水平下,历史模拟法的失败次数超出了非拒绝域范围,存在风险低估,蒙特卡罗法与德尔塔-正态法虽然都通过了回测检验,但蒙特卡罗的失败次数低于德尔塔-正态的失败次数,说明蒙特卡罗模型更为保守,更适合社保基金的安全性第一的原则。

2. 社保基金的市场风险处于可控水平

从社保基金的具体风险值来看,还是处于一个较低的水平,无论从 β 值还是最终的回测检验,都可以看出社保基金的总体风险处于可控水平。这说明了在社保基金入市的十年中,其投资风格越发稳健,随着中国资本市场的日益完善,必然为社保基金的投资提供更好的平台,这也验证了近些年为何社保基金在 A 股市场一直加仓。

(二)社保基金投资 A 股市场的策略及相关建议

1. 建立以蒙特卡罗法为核心的社保基金风险监测体系

社保基金的风险大小直接关系到自身的安全性,建立社保基金的风险监测体系,将 VaR 系统引入社保基金是进行风险控制的必然。由本书的研究结论可知,建立的 VaR 系统应以蒙特卡罗为核心,这也是可行的。社保基金由专业的基金公司进行代理投资,这些公司完全有能力解决蒙特卡罗法的高额开发成本、复杂的验算过程这些问题,设计出一套为社保基金量身定做的蒙特卡罗模拟路径。

在建立以蒙特卡罗法为核心的社保基金风险监测体系的同时也要注重德尔塔-正态法与历史模拟法的应用。德尔塔-正态法能通过对社保基金的市场风险的估值,验证蒙特卡罗法是否存在模型误差,成为蒙特卡罗法的重要补充。此外,如果社保基金投资 A 股数据进行时间细分(如采用 5 分钟,10 分钟分时数据),得到大样本数据,可能历史模拟法会有很好的模拟结果。但需要注意的是,任何一种投资都有其自身的风险性,对于风险的监管绝对不能阻碍基金管理公司的合理创新。监管的目的是为了将风险控制在一个可以接受的范围,而不是彻底消除风险。只有将社保基金的风险收益进行有效权衡,才能最终实现社保基金的保值增值目的。

2. 加大社保基金对 A 股市场的投资

社保基金投资于 A 股市场的风险总体处于可控水平,可以在风险可控的水平下,逐步增加对 A 股市场的投资金额,以期得到更高的投资收益,达到保值增值的结果。

从社保基金对 A 股市场的历年投资数据来看,投资于 A 股市场的总额呈逐年上升的趋势,对于 2008 年社保基金的重大损失有中国股市不成熟、国际金融危机的影响,但更重要的是社保基金的风险防范没有做实。随着中国资本市场日益完善,国际经济形势趋于平缓,有效控制社保基金市场风险,加大对 A 股市场的投资力度,会得到更高的投资收益,缓解社保基金的给付压力。

3. 对社保基金投资 A 股的信息及时披露

在建立了 VaR 体系后还要做到及时信息披露。信息披露规则是进行社保基金监管基本的组成部分,严格的信息披露制度的建立,有利于将社保基金投资透明化。本书在对社保基金的投资数据进行搜集时,全国社会保障基金理事会网站上并未披露,投资者只能在上市公司的报表上得知社保基金对于哪些股票进行了投资,这对于民众了解社保基金的投资方向很不便利。在今后社保基金建立了 VaR 系统后,更要做到信息披露的及时性,真实性,与有效性。这可以借鉴 J. P. Morgan 的每日汇报制度,于每天股市交易前公布当日的 VaR 风险值。加强信息披露还要注重审查信息披露的真实性,对于已披露的信息,还应由专门的审计部门进行审计。

第七章
研究结论与未来研究方向

第一节　主要研究结论和启示

（一）研究结论

本书基于证监会要求拟上市公司在公司章程中作出现金股利承诺这一外生事件,考察了这一分红新政的实施效果以及对资本市场产生的后续影响。本书的研究主要分为四个部分,即第三章至第六章。在第三章,本书分析了拟上市公司在招股说明书中作出的现金分红承诺的特征,发现承诺分红的比例存在较大的差异;在此基础上,从中国新股发行实行"审批制"的角度,考察了证监会是否会让更愿意回报投资者的公司获得上市资源;并通过检验承诺不同分红比例的企业发行折价的差异,试图考察投资者是否对分红承诺作出反应;最后以成功上市的公司为样本,检验了不同承诺比例的公司的业绩是否存在差异。在第四章,本书使用 2007—2012 年上证 A 股公司的样本,研究了现金股利分配对公司盈余质量的影响;并考虑了不同产权性质下,两者之间的关系是否存在差异。在第五章,本书把研究视角转至红利税改革,首先从不同股息率公司市场反应的角度检验了红利税改革对于公司估值的影响,然后在此基础上检验证券投资基金持股是否影响公司估值的敏感性。在第六章,本书关注了与股利分红新政息息相关的社保基金投资,首先研究了我国社保基金的市场风险是否处于可控水平,并进一步检测了适用于我国资本市场社保基金投资的风险测算方法。

通过以上研究,本书得到以下重要结论:

1. 通过分析拟上市公司作出的分红承诺,本书认为证监会的新政将显著增加高分红比率企业在资本市场的比例,将有利于 A 股市场形成价值投资的良好理念。

2. 承诺高分红比例的公司更容易被证监会批准上市,但是无论对于承诺分红比例高或者低的公司组,证监会都没有考虑现金股利承诺是否附加了条件;承诺高分红比例的公司 IPO 的折价率更低,表明投资者更愿意投资承诺分红比例高的公司。在承诺分红比例高的公司组,相比承诺"软约束"的公司,"硬约束"公司 IPO 的折价率更低,说明投资者在关注承诺高分红比例的公司的同时,还关注其分红承诺是否"货真价实";承诺高分红比例的公司 IPO 后的业绩更好,并且在承诺分红比例高的公司组,分红承诺不附加条件的公司 IPO 后业绩更好,而在承诺分红比例低的公司组,分红承诺是否附加条件对公司 IPO 后的业绩并没有预测信号作用。

3. 相比于不支付股利的公司,分配现金股利的公司具有更高的盈余质量;相比于分配率较低的公司,现金股利分配率较高的公司具有更高的盈余质量。相比于民营企业,国有企业分配现金股利的公司具有更高的盈余质量;相比于民营企业,国有企业现金股利分配率较高的公司具有更高的盈余质量。

4. 红利税改革政策颁布期间,市场对高股息率的公司做出了正面的反应,红利税差异化征收提升了高股息率公司的投资价值。股息率的估值效应仅存在于证券基金持股比例高的公司组,说明结构性减税引导了资本市场价值投资的理念,但是这一引导效果受到投资者结构的影响。

5. 社保基金总体风险处于可控水平,基于蒙特卡罗法的 VaR 模型更适于测算社保基金投资 A 股的市场风险。我国资本市场应该建立以蒙特卡罗法为核心的社保基金风险控制体系,在加强风险监控的基础上可以适当加大对 A 股市场的投资额。

(二) 研究启示

"股利之谜"吸引了众多学者的关注,现有的研究结果表明,提高上市公司对于股东的现金回报水平是增强资本市场的吸引力,进而扩大资本市场规模的前提条件。基于这样的认识,证监会要求拟上市公司作出的现金股利承诺,该项政策并未硬性规定上市公司现金分红的比例,而是要求上市公司在"首发公开上市"(IPO)时对上市以后的现金分红作出"自愿性的承诺",并在招股说明书中详细披露现金分红的比例以及支付的条件。此项政策不仅会对中国资本市场产生深远影响,还为股利理论研究提供了独一无二的契机。本书的研究结论表明,证监会的这一新政不仅提高了资本市场对于投资者的回报水平,也对资源的配置效率以及公司的行为特征产生了显著的影响。

从证监会的角度来看,本书的研究说明上市公司作出的现金股利承诺是一个能够传递未来企业业绩的"信号",因此在分配上市资源时考虑拟上市公司作出的分红承诺是有效率的;此外,让更愿意回报投资者的公司上市也能够提高资本市场整体的分红水平,解决资本市场现存的缺乏连续性以及愿意高分红比率公司所占比例较小的现状。未来证监会制定政策时应该更多的将政府监管与企业决策结合起来,减少对企业决策的直接干预,通过信息披露水平的提高,让市场来决定资源的配置,从而提高资源配置的效率。当然,单纯依靠现金股利承诺并不能完全解决所有的问题,为了更好地提高上市公司的质量,必须完善监管体系,减少上市公司的机会主义行为。

从投资者的角度来看,本书的研究说明现金股利承诺是一个能够传递企业未来业绩的"信号",因此通过参考现金股利承诺,投资者更容易判断公司的质量;此外,由于承诺高分配比例的企业具有更高的会计质量,对投资者来说盈余的可靠性更高。

对管理层来说,本书的研究说明现金股利承诺会显著地影响资源配置效率,因此拟上市公司在作出分红承诺时要特别注意,现金分红承诺的高低会对企业经营产生影响,企业在作出分红承诺是要权衡收益和成本,从而最大化企业的价值。此外,上市公司自身应努力加强公司治理水平,根据公司实际情况制定合适的股利政策,并积极通过内外部监督,提高盈余质量。

另外,税收是影响资本市场投资行为的重要因素,红利税差别化征收鼓励了长期投资、价值投资的理念。因此,通过结构性减税引导资本市场价值投资,以优化资本市场的投资者结构,将有利于资本市场长期稳定的发展。

第二节　研　究　局　限

本书的研究局限主要有以下几点:

1. 本书研究的基本假设是发放现金股利的公司是好公司,但也有一些学者认为现金股利可能是控股股东转移资源的手段(Chen 等,2009),本书并不能从理论上完全排除这种可能性。

2. 本书主要考察了 IPO 公司的现金股利承诺对于公司业绩的短期影响,不可否认的是,政策效果存在短期效应和长期效应,本书没有运用更长时间窗口的数据进行检验,因此对政策的评价可能存在偏差。

3. 本书采用 VaR 的三种基本研究方法对社保基金投资 A 股市场的整体市场风险进行了测量,这具有一定的首创性;但并未对模拟方法进行拓展(只是对德尔塔 - 正态模型进行了简单的拓展),而目前对于这三种方法均有一系列的拓展模型,如历史模拟法的加权历史模拟,蒙特卡罗法的多风险因子蒙特卡罗模拟等,这就需要有着更为深厚金融工程学的学者加以研究,探讨各模型的优劣。

4. 社保基金的风险并不仅仅是市场风险,只是相对而言市场风险更为直观,计算更为简单,要全面了解社保基金的投资风险还需要其他学者进行实证研究,确定诸如委托—代理风险之类的信用风险,股市进行交易指令的交易风险等等,这对于全面控制社保基金的投资风险十分必要。

第三节　将来的研究方向

1. 本书主要从承诺分红的比例和附加前提条件的角度出发比较了承诺的差异,对承诺包含的其他信息没有考虑,未来的研究可以关注其他可能影响公司行为的因素。

2. 现金股利承诺对于公司其他形式的分配行为也可能产生影响。例如,公司现金分红水平的提高是否会带来其他形式分红(例如:股票股利)水平的降低? 总体来说,随着对于这些问题的深入研究,更多的经验证据能够帮助更好地理解现金分红承诺的经济后果。

3. 社保基金的投资渠道已经颇为广泛,本书只是对于社保基金投入我国 A 股市场的风险做了风险测度,对于社保基金对于诸如实业投资,海外投资并没有做风险测量,从而没有体现出整个社保基金的总体风险,这还需要今后进行相关的后续研究。

参 考 文 献

著作类

［1］Lintner J.，1965．The evaluation of risk assets and the selection of risky investments in stock portfolio and capital budgets．Revisers of economics and statistics．

［2］Mossin J.，1966．Equilibrium in a capital asset magnet．Ecomonetrica．

［3］杜亚斌.2010.金融建模-使用 Excel 和 VBA.北京:机械工业出版社.

［4］菲利普乔瑞.2010.风险价值-金融风险管理新标准.北京:中信出版社.

［5］李常青.2001. 股利政策理论与实证研究. 北京:中国人民大学出版社.

［6］林治芬,胡琴芳.2007.社会保障资金管理.北京:科学出版社.

［7］凯文·多得.2011.市场风险测度.北京:中国财政经济出版社.

［8］魏刚.2001.中国上市公司股利分配问题研究.大连:东北财经

大学出版社.

［9］周晔.2010.金融风险度量与管理.北京：首都经济贸易大学出版社.

［10］王周伟.2011.风险管理计算与建模.上海：上海交通大学出版社.

［11］郑功成.2005.社会保障学.北京：中国劳动社会保障出版社.

论文类

［1］Aharony J., I. Swary. 1980. Quarterly dividend and earnings announcements and stockholders' returns：An empirical analysis. Journal of Finance，35(1)：1-12.

［2］Aharony, J., Lee, C. W. J., and Wong, T. J., 2000. Financial Packaging of IPO Firms in a Traditional Economy，the Case of B-shares and H-shares in China. Journal of Accounting Research，Vol. 38(1)，103-126.

［3］Ahmed，A. S.，Billings，B. K.，Morton，R. M. and Stanford-Harris，M.，2002. The Role of Accounting Conservatism in Mitigating Bondholder-Shareholder Conflicts Over Dividend Policy and in Reducing Debt Costs. The Accounting Review，77(4)：867-890.

［4］Aizenman J. and G. K.，Pasricha. 2010. Determinants of sress and recovrey during the great recession. NBER Working Paper，No. 16605.

［5］Allen，F.，Bernardo，A. E. and Welch，I.，2000. "A Theory of Dividends Based On Tax Clienteles. The Journal of Finance，55(6)：2499-2536.

[6] Almeida，H.，Campello，M. and Weisbach，M. S.，2004. The Cash Flow Sensitivity of Cash. The Journal of Finance，59(4)：1777-1804.

[7] Artzner P.，et al.，1999. Coherent measures of risk . Mathematical Finance. 9：203-228.

[8] Asquith P.，Mullins D. W.，1983. The impact of initiating dividend payment on shareholders' wealth. Journal of Business，56(1)：77-96.

[9] Atanasov，V.，2005. How Much Value Can Blockholders Tunnel? Evidence From the Bulgarian Mass Privatization Auctions. Journal of Financial Economics，76(1)：191-234.

[10] Auerbach，A. J.，Hassett，K. A.，2005. The 2003 Dividend Tax Cuts and the Value of the Firm：An Event Study. National Bureau of Economic Research.

[11] Ayers，B. C.，Cloyd，C. B.，Robinson，J. R.，2002. The Effect of Shareholder-Level Dividend Taxes on Stock Prices：Evidence from the Revenue Reconciliation Act of 1993. The Accounting Review，77(4)：933-947.

[12] Bae，K. H.，Kang，J. K. and Kim，J. M.，2002. Tunneling Or Value Added? Evidence From Mergers by Korean Business Groups. The Journal of Finance，57(6)：2695-2740.

[13] Ball R. and P. Brown. 1968. An Empirical Evaluation of Accounting Income Numbers. Journal of Accounting Research，6(2)：159-178.

［14］Ball，R. and Shivakumar，L. , 2005. Earnings Quality in UK Private Firms: Comparative Loss Recognition Timeliness. Journal of Accounting and Economics，39(1): 83-128.

［15］Ball，R. , Kothari，S. P. and Robin，A. , 2000. The Effect of International Institutional Factors On Properties of Accounting Earnings. Journal of Accounting and Economics，29 (1): 1-51.

［16］Ball，R. , Robin，A. and Sadka，G. , 2008. Is Financial Reporting Shaped by Equity Markets Or by Debt Markets? An International Study of Timeliness and Conservatism. Review of Accounting Studies，13(2-3): 168-205.

［17］Balvers，R. J. , Mcdonald，B. and Miller，R. E. , 1988. Underpricing of New Issues and the Choice of Auditor as a Signal of Investment Banker Reputation. Accounting Review: 605-622.

［18］Basu，S. , 1997. The Conservatism Principle and the Asymmetric Timeliness of Earnings. Journal of Accounting and Economics，24(1): 3-37.

［19］Beaver W. , 1968. The information content of annual earnings announcements. Journal of Accounting Research，(supplement) , 6(1):67-92.

［20］Benartzi S. , R. Michaely, and R. Thaler. 1997. Do changes in dividends signal the future or the past? Journal of Finance，52(3): 1007-1035.

［21］Benston，G. J. , 1969. The Effectiveness and Effects of the

213

SEC's Accounting Disclosure Requirements. Economic Policy and the Regulation of Corporate Securities, 23.

[22] Berkman, H., Cole, R. A. and Fu, L. J., 2009. Expropriation through Loan Guarantees to Related Parties: Evidence From China. Journal of Banking & Finance, 33 (1): 141-156.

[23] Bertrand, M., Mehta, P. and Mullainathan, S., 2002. Ferreting Out Tunneling: An Application to Indian Business Groups. The Quarterly Journal of Economics, 117 (1): 121-148.

[24] Beyer, A., Cohen, D. A., Lys, T. Z. and Walther, B. R., 2010. The Financial Reporting Environment: Review of the Recent Literature. Journal of Accounting and Economics, 50(2): 296-343.

[25] Black, F., 1976. The Dividend Puzzle. Journal of Portfolio Management, 2.

[26] Blanchard, O. J., Lopez-De-Silanes, F. and Shleifer, A., 1994a. What Do Firms Do with Cash Wi ndfalls?. Journal of Financial Economics, 36(3): 337-360.

[27] Blouin, J., Raedy, J. and Shackelford, D., 2004. The Initial Impact of the 2003 Reduction in the Dividend Tax Rate. University of North-Carolina, Chapel Hill, Working Paper.

[28] Brav, A., Graham, J. R., Harvey, C. R. and Michaely, R., 2005. Payout Policy in the 21St Century. Journal of Financial Economics, 77(3): 483-527.

［29］Breeden R. ，2003. Restoring Trust. Report to the Hon. Jed s Rakoff，The United States District Court for the Southern District of New York on corporate governanceforthe future of MCI. http：// law. du. edu/images/uploads/restoring-trust. pdf.

［30］Brickley，J. A. ，1983. Shareholder Wealth，Information Signaling and the Specially Designated Dividend：An Empirical Study. Journal of Financial Economics，12(2)：187-209.

［31］Brown，J. R. ，Liang，N. and Weisbenner，S. ，2007. Executive Financial Incentives and Payout Policy：Firm Responses to the 2003 Dividend Tax Cut. The Journal of Finance，62 (4)：1935-1965.

［32］Bushman，R. M. and Piotroski，J. D. ，2006. Financial Reporting Incentives for Conservative Accounting：The Influence of Legal and Political Institutions. Journal of Accounting and Economics，42(1)：107-148.

［33］Carter，R. and Manaster，S. ，1990. Initial Public Offerings and Underwriter Reputation. The Journal of Finance，45 (4)：1045-1067.

［34］Caskey，J. ，M. Hanlon. 2005. Do dividends indicate honesty? The relation between dividends and the quality of earnings. Working paper，University of Michigan.

［35］Chan，K. ，Wang，J. and Wei，K. C. ，2004. Underpricing and Long-Term Performance of IPOs in China. Journal of Corporate Finance，10(3)：409-430.

［36］Chen，D. H.，Jian，M.，Xu，M.，2009. Dividends for tunneling in a regulated economy: The case of China. Pacific-Basin Finance Journal，17(2): 209-223.

［37］Chen，H.，Chen，J. Z.，Lobo，G. J. and Wang，Y.，2010. Association Between Borrower and Lender State Ownership and Accounting Conservatism. Journal of Accounting Research，48(5): 973-1014.

［38］Chen，J.，Ke，B.，Wu，D. H.，and Yang，Z. F.，2012. IPO Pricing Mechanisms and Financial Reporting Quality. Working Paper.

［39］Chen，K. C. and Yuan，H.，2004. Earnings Management and Capital Resource Allocation: Evidence From China's Accounting-Based Regulation of Rights Issues. The Accounting Review，79(3): 645-665.

［40］Chen，S.，Chen，X.，Cheng，Q. and Shevlin，T.，2010. Are Family Firms More Tax Aggressive than Non-Family Firms?. Journal of Financial Economics，95(1): 41-61.

［41］Chen，S.，Sun，Z.，Tang，S. and Wu，D.，2011. Government Intervention and Investment Efficiency: Evidence From China. Journal of Corporate Finance，17(2): 259-271.

［42］Chen，S.，T. Shevlin，Y. Tong. 2007. Does the pricing of financial reporting quality change around dividend changes?. Journal of Accounting Research，45(1): 1-40.

［43］Chetty，R. and Saez，E.，2005. Dividend Taxes and Corporate Behavior: Evidence From the 2003 Dividend Tax Cut.

The Quarterly Journal of Economics，120(3)：791-833.

［44］Chetty，R.，Rosenberg，J.，Saez，E.，2007. The Effects of Taxes on Market Responses to Dividend Announcements and Payments：What can We Learn From the 2003 Dividend Tax Cut?. Taxing corporate Income in the 21st Century.

［45］Cheung，Y.，Rau，P. R. and Stouraitis，A.，2006. Tunneling，Propping，and Expropriation：Evidence From Connected Party Transactions in Hong Kong. Journal of Financial Economics，82(2)：343-386.

［46］Claessens，S.，Djankov，S.，Fan，J. P. and Lang，L. H.，2002. Disentangling the Incentive and Entrenchment Effects of Large Shareholdings. The Journal of Finance，57(6)：2741-2771.

［47］Collins，D. W. and Hribar，P.，2000. Earnings-Based and Accrual-Based Market Anomalies：One Effect Or Two?. Journal of Accounting and Economics，29(1)：101-123.

［48］Conyon，M. J. and Murphy，K. J.，2000. The Prince and the Pauper? CEO Pay in the United States and United Kingdom. The Economic Journal，110(467)：640-671.

［49］Custodio，C.，Ferreira，M. A. and Raposo，C.，2005. Cash Holdings and Business Conditions. ISCTE Business School.

［50］Deangelo，H.，Deangelo，L. and Stulz，R. M.，2006. Dividend Policy and the Earned/Contributed Capital Mix：A Test of the Life-Cycle Theory. Journal of Financial Economics，81(2)：227-254.

［51］Dechow P. , C. Schrand. 2004. Earnings Quality. Charlottesville, VA: Research Foundation of CFA Institute Monograph.

［52］Dechow P. , I. Dichev. 2002. The quality of accruals and earnings: The role of accrual estimation errors. The Accounting Review, 77(1):35-59.

［53］Dechow P. , W. Ge, C. Schrand. 2010. Understanding earnings quality: A review of the proxies, their determinants and their consequences. Journal of Accounting and Economics, 50(2-3):344-401.

［54］Dechow P. M. , R. G. Sloan, and A. P. Sweeney. 1996. Cause and Consequences of Earnings Manipulation: An Analysis of Firms Subject to Enforcement Actions by SEC. Contemporary Accounting Research, 13(Spring), 1-36.

［55］Dechow, P. M. , Kothari, S. P. and L Watts, R. , 1998. The Relation Between Earnings and Cash Flows. Journal of Accounting and Economics, 25(2): 133-168.

［56］Dechow, P. M. , Richardson, S. A. and Sloan, R. G. , 2008. The Persistence and Pricing of the Cash Component of Earnings. Journal of Accounting Research, 46(3): 537-566.

［57］Denis, D. J. and Osobov, I. , 2008. Why Do Firms Pay Dividends? International Evidence On the Determinants of Dividend Policy. Journal of Financial Economics, 89(1): 62-82.

［58］Denis, D. J. and Sibilkov, V. , 2010. Financial Constraints, Investment, and the Value of Cash Holdings. Review of Financial Studies，23(1)：247-269.

[59] Dhaliwal，D.，Krull，L.，Li，O. Z.，2007. Did the 2003 Tax Act Reduce the Cost of Equity Capital?. Journal of Accounting and Economics，43(1)：121-150.

[60] Dhaliwal，D.，Zhen Li，O.，Trezevant，R.，2003. Is A Dividend Tax Penalty Incorporated into the Return on A Firm's Common Stock?. Journal of Accounting and Economics，35 (2)：155-178.

[61] Dielman，T. E. and Oppenheimer，H. R.，1984. An Examination of Investor Behavior During Periods of Large Dividend Changes. Journal of Financial and Quantitative Analysis，19 (02)：197-216.

[62] Dittmar，A. and Mahrt-Smith，J.，2007. Corporate Governance and the Value of Cash Holdings. Journal of Financial Economics，83(3)：599-634.

[63] Dittmar，A.，Mahrt-Smith，J. and Servaes，H.，2003. International Corporate Governance and Corporate Cash Holdings. Journal of Financial and Quantitative Analysis，38(1)：111-134.

[64] Doidge，C.，Karolyi，G. A. and Stulz，R. M.，2004. Why are Foreign Firms Listed in the US Worth More?. Journal of Financial Economics，71(2)：205-238.

[65] Du，J. and Xu，C.，2009. Which Firms Went Public in China? A Study of Financial Market Regulation. World Development，37(4)：812-824.

［66］Dyck A. , L. Zingales. 2004. Private benefits of control: an international comparison. Journal of Finance, 59（2）: 537-600.

［67］Eades, K. M. , Hess, P. J. , Kim, E. , 1994. Time-Series Variation in Dividend Pricing. The Journal of Finance, 49 (5): 1617-1638.

［68］Easterbrook, F. H. , 1984. Two Agency-Cost Explanations of Dividends. The American Economic Review, 74 (4): 650-659.

［69］Elton, E. J. , Gruber, M. J. , 1970. Marginal Stockholder Tax Rates and the Clientele Effect. The Review of Economics and Statistics, 52(1): 68-74.

［70］Engle R. ,2002. Dynamic conditional correlation: A simple class of multivariate generalized autoregressive conditional heteroskedasticity models. Journal of Business & Economic Statistics, 20(3):339-350.

［71］Espen Eckbo, B. and Verma, S. , 1994. Managerial Share-ownership, Voting Power, and Cash Dividend Policy. Journal of Corporate Finance, 1(1): 33-62.

［72］Faccio, M. , Lang, L. H. and Young, L. , 2001. Dividends and Expropriation. American Economic Review, 91（1）: 54-78.

［73］Fama. 1965. The behavior of stock market prices. Journal of Business, 38(1):34-105.

［74］Fama, E. F. and French, K. R. , 2001. Disappearing Dividends: Changing Firm Characteristics Or Lower Propensity to Pay?. Journal of Financial Economics, 60(1): 3-43.

[75] Fan J. , T. J. Wong. 2002. Corporate Ownership Structure and the Informativeness of Accounting Earnings in East Asia. Journal of Accounting and Economics, 33(3): 401-425.

[76] Farrar, D. E. , Farrar, D. F. and Selwyn, L. L. , 1967. Taxes, Corporate Financial Policy and Return to Investors. National Tax Journal: 444-454.

[77] Faulkender, M. and Wang, R. , 2006. Corporate Financial Policy and the Value of Cash. The Journal of Finance, 61 (4): 1957-1990.

[78] Fazzari, S. , Hubbard, R. G. and Petersen, B. C. , 1988. Financing Constraints and Corporate Investment. National Bureau of Economic Research Cambridge, Mass. , USA.

[79] Francis, J. R. and Wang, D. , 2008. The Joint Effect of Investor Protection and Big 4 Audits On Earnings Quality Around the World. Contemporary Accounting Research, 25 (1): 157-191.

[80] Frank, M. , Jagannathan, R. , 1998. Why do Stock Prices Drop by Less than the Value of the Dividend: Evidence from A Country without Taxes. Journal of Financial Economics, 47(2): 161-188.

[81] Givoly, D. and Hayn, C. , 2000. The Changing Time-Series Properties of Earnings, Cash Flows and Accruals: Has Financial Reporting Become More Conservative?. Journal of

Accounting and Economics，29(3)：287-320.

［82］Glassman J.，2005. When numbers don't add up. Kiplinger's (August)：32-34.

［83］Graham，J. R. and Kumar，A.，2006. Do Dividend Clienteles Exist? Evidence On Dividend Preferences of Retail Investors. The Journal of Finance，61(3)：1305-1336.

［84］Grossman，S. J. and Hart，O. D.，1988. One Share-One Vote and the Market for Corporate Control. Journal of Financial Economics，20：175-202.

［85］Grullon G.，B. Swaminathan. 2002. Are dividend changes a sign of firm maturity?. Journal of Business，75(3)：387-424.

［86］Grullon G.，R. Michaely，S. Benartzi，R. Thaler. 2005. Dividend changes do not signal changes in future profitability. Journal of Business，78(5)：1659-1683.

［87］Hanlon M.，J. Myers，T. Shevlin. 2007. Are dividends informative about future earnings?. Working paper，University of Washington.

［88］Harford，J.，1999. Corporate Cash Reserves and Acquisitions. The Journal of Finance，54(6)：1969-1997.

［89］Hart，O.，1995. Corporate Governance：Some Theory and Implications. The Economic Journal：678-689.

［90］Healy P.，K. Palepu. 1988. Earnings information conveyed by dividend initiations and omissions. Journal of Financial Economics，21(2)：149-175.

［91］Holmen，M.，Knopf，J. D. and Peterson，S.，2008. Inside

Shareholders' Effective Tax Rates and Dividends. Journal of Banking & Finance, 32(9): 1860-1869.

[92] Huang, J. J., Shen, Y. and Sun, Q., 2011. Nonnegotiable Shares, Controlling Shareholders, and Dividend Payments in China. Journal of Corporate Finance, 17(1): 122-133.

[93] Jensen M. C., 1986. Agency costs of free cash flow, corporate finance and takeovers. American Economic Review, 76(2):323-329.

[94] Jensen, M. C. and Meckling, W. H., 1976. Theory of the Firm: Managerial Behavior, Agency Costs and Ownership Structure. Journal of Financial Economics, 3(4): 305-360.

[95] Jian, M. and Wong, T. J.,2010. Propping through Related Party Transactions. Review of Accounting Studies, 15(1): 70-105.

[96] Jiang, G., Lee, C. and Yue, H., 2010. Tunneling through Intercorporate Loans: The China Experience. Journal of Financial Economics, 98(1): 1-20.

[97] Johnson, S., Boone, P., Breach, A. and Friedman, E., 2000. Corporate Governance in the Asian Financial Crisis. Journal of Financial Economics, 58(1): 141-186.

[98] Jones J., 1991. Earnings management during import relief investigations. Journal of Accounting Research, 29(2): 193-228.

[99] Kalay,A.,1982. Stockholder-Bondholder Conflict and Dividend Constraints. Journal of Financial Economics, 10(2):

211-233.

[100] Kalay，A.，1982. The Ex‐Dividend Day Behavior of Stock Prices：A Re-Examination of the Clientele Effect. The Journal of Finance，37(4)：1059-1070.

[101] Kaminsky G. and Reinhart C.，1999. The twin crises：The causes of banking and balance of payments problems. American economic revie,(89)：473-500.

[102] Khan，M. and Watts，R. L.，2009. Estimation and Empirical Properties of a Firm‐Year Measure of Accounting Conservatism. Journal of Accounting and Economics，48 (2)：132-150.

[103] Khang，K. and King，D.，2003. Is Dividend Policy Related to Information Asymmetry：Evidence From Insider Trading Gains.

[104] Klein A.，2002. Audit Committee，Board of Director Characteristics and Earnings Management. Journal of Accounting and Economics，33(August)，375-400.

[105] Koch A.，A. Sun. 2004. Dividend changes and the persistence of past earnings changes. Journal of Finance ,59(5)：2096-2116.

[106] Kole E.，Koedijk K.，Verbeek M.，2007. Selecting copulas for risk management. Journal of Banking and Finance，31 (8)：2405-2423.

[107] Korkeamaki，T.，Liljeblom，E. and Pasternack，D.，2010. Tax Reform and Payout Policy：Do Shareholder Clienteles Or

Payout Policy Adjust?. Journal of Corporate Finance, 16 (4): 572-587.

[108] Kornai Janos. 1980. Hard and Soft Budget Constraint. Acta Oeconomica 25(3-4): 231-245.

[109] La Porta R., Lopez-de-Silanes F., A. Shleifer. 1999. Corporate Ownership around the World. Journal of Finance, 54 (2): 471-517.

[110] La Porta, R., Lopez-De-Silanes, F., Shleifer, A. and Vishny, R. W., 1997. Legal Determinants of External Finance.

[111] La Porta R, Lopez-de-Silanes F, Shleifer A, Vishny R., 1998. Law and Finance. Journal of Political Economy, 106: 1113-1155.

[112] La Porta, R., Lopez-De-Silanes, F., Shleifer, A. and Vishny, R., 2000. Investor Protection and Corporate Governance. Journal of Financial Economics, 58(1): 3-27.

[113] Lafond, R. and Roychowdhury, S., 2008. Managerial Ownership and Accounting Conservatism. Journal of Accounting Research, 46(1): 101-135.

[114] Lamont, O., 1997. Cash Flow and Investment: Evidence From Internal Capital Markets. The Journal of Finance, 52 (1): 83-109.

[115] Lang, L., Ofek, E. and Stulz, R., 1996. Leverage, Investment, and Firm Growth. Journal of Financial Economics, 40 (1): 3-29.

[116] Lara, J. M. G., Osma, B. G. and Penalva, F., 2009. Ac-

counting Conservatism and Corporate Governance. Review of Accounting Studies, 14(1): 161-201.

[117] Lee C. J. , X. Xiao. 2002. Cash dividends and large shareholder expropriation in China. Working paper, Tsinghua University.

[118] Lemmon, M. L. and Lins, K. V. , 2003a. Ownership Structure, Corporate Governance, and Firm Value: Evidence From the East Asian Financial Crisis. The Journal of Finance, 58(4): 1445-1468.

[119] Leuz, C. , Nanda, D. , P. Wysocki. 2003. Earnings Management and Investor Protection: An International Comparison. Journal of Financial Economics, 69(3): 505-527.

[120] Lin, J. Y. and Tan, G. , 1999. Policy Burdens, Accountability, and the Soft Budget Constraint. American Economic Review, 89(2): 426-431.

[121] Lintner, J. ,1956. Distribution of Incomes of Corporations Among Dividends, Retained Earnings, and Taxes. The American Economic Review: 97-113.

[122] Liu,Q. and Lu,Z.J. ,2007. Corporate Governance and Earnings Management in the Chinese Listed Companies: A Tunneling Perspective. Journal of Corporate Finance, 13(5): 881-906.

[123] López De Silanes, F. , La Porta, R. , Shleifer, A. and Vishny, R. , 1998. Law and Finance. Journal of Political Economy, 106: 1113-1155.

[124] Lopez De Silanes, F., Vishny, R. and Shleifer, A., 2000. Agency Problems and Dividend Policies Around the World. Journal of Finance, 60(1): 1-33.

[125] Ma, J., Song, F. and Yang, Z., 2010. The Dual Role of the Government: Securities Market Regulation in China 1980 - 2007. Journal of Financial Regulation and Compliance, 18 (2): 158-177.

[126] Markowitz. 1952. Portfolio selection. Journal of Finance, (1):22-23.

[127] Martins, T. C. and Novaes, W., 2012. Mandatory Dividend Rules: Do they Make It Harder for Firms to Invest?. Journal of Corporate Finance, 18(4): 953-967.

[128] Mccauley J., 2003. Thermodynamic analogies in economics and finance: on stability of markets. Physica A, 329: 199-212.

[129] Michaely, R. and Roberts, M. R., 2012. Corporate Dividend Policies: Lessons From Private Firms. Review of Financial Studies, 25(3): 711-746.

[130] Michaely, R. and Shaw, W. H., 1994. The Pricing of Initial Public Offerings: Tests of Adverse-Selection and Signaling Theories. Review of Financial Studies, 7(2): 279-319.

[131] Miller M., F. Modigliani. 1961. Dividend policy, growth and the valuation of shares. Journal of Business, 34 (4): 411-433.

[132] Mitton, T., 2004. Corporate Governance and Dividend Policy

in Emerging Markets. Emerging Markets Review, 5(4):
409-426.

[133] Modigliani, F. and Miller, M. H., 1958. The Cost of Cap-
ital, Corporation Finance and the Theory of Investment. The
American Economic Review: 261-297.

[134] Morck, R., Shleifer, A. and Vishny, R. W., 1990. Do Man-
agerial Objectives Drive Bad Acquisitions?. The Journal of
Finance, 45(1): 31-48.

[135] Myers, S. C. and Majluf, N. S., 1984. Corporate Financing
and Investment Decisions When Firms Have Information that
Investors Do Not Have. Journal of Financial Economics, 13
(2): 187-221.

[136] Nam, J., Wang, J. and Zhang, G., 2004. The Impact of
Dividend Tax Cut and Managerial Stock Holdings On Firm's
Dividend Policy.

[137] Naranjo, A., Nimalendran, M., Ryngaert, M., 1998.
Stock Returns, Dividend Yields, and Taxes. The Journal of
Finance, 53(6): 2029-2057.

[138] Opler, T., Pinkowitz, L., Stulz, R. and Williamson, R.,
1999. The Determinants and Implications of Corporate Cash
Holdings. Journal of Financial Economics, 52(1): 3-46.

[139] Patton A. J., 2006. Modeling asymmetric exchange rate de-
pendence. International Economic Review, 47 (2):527-556.

[140] Pinkowitz, L. and Williamson, R., 2002. What is a Dollar
Worth? The Market Value of Cash Holdings. The Market

Value of Cash Holdings (October 2002).

[141] Pinkowitz, L., Stulz, R. and Williamson, R., 2006. Does the Contribution of Corporate Cash Holdings and Dividends to Firm Value Depend On Governance? A Cross-Country Analysis. The Journal of Finance, 61(6): 2725-2751.

[142] Pistor, K. and Xu, C., 2005. Governing Stock Markets in Transition Economies: Lessons From China. American Law and Economics Review, 7(1): 184-210.

[143] Poterba, J., 2004. Taxation and Corporate Payout Policy. National Bureau of Economic Research.

[144] Pramuan Bunkanwanicha, Yupana Wiwattanakantang. 2009. Big Business Owners in Politics. The Review of Financial Studies, 22(6):2133-2168.

[145] Ross. 1976. Arbitrage theory of capital asset pricing. Journal of Economies Theory, 13(3):341-360.

[146] Roychowdhury, S., 2006. Earnings Management through Real Activities Manipulation. Journal of Accounting and Economics, 42(3): 335-370.

[147] Rozeff, M., 1982. Growth, Beta and Agency Costs as Determinants of Dividend Payout Ratios. Journal of Financial Research, 5(3): 249-259.

[148] Shleifer, A. and Vishny, R. W., 1986. Large Shareholders and Corporate Control. The Journal of Political Economy, 94 (3): 461.

[149] Shleifer, A. and Vishny, R. W., 1997. A Survey of Corpo-

rate Governance. The Journal of Finance, 52(2): 737-783.

[150] Shleifer, A. and Wolfenzon, D. , 2002. Investor Protection and Equity Markets. Journal of Financial Economics, 66(1): 3-27.

[151] Simon Johnsos, Rafael La Porta, Florencio Lopez-de-Silanes, Andrei Shleifer. 2000. Tunneling. The American Economic Review, 90(2):22-27.

[152] Skinner D. J. , E. Soltes. 2010. What do dividends tell us about earnings quality?. Review of Accounting Studies, 87 (16):582-609.

[153] Stein, J. C. ,2003. Agency, Information and Corporate Investment. Handbook of the Economics of Finance, 1: 111-165.

[154] Stiglitz, J. E. and Weiss, A. , 1981. Credit Rationing in Markets with Imperfect Information. The American Economic Review: 393-410.

[155] Stulz, R. , 1990. Managerial Discretion and Optimal Financing Policies. Journal of Financial Economics, 26(1): 3-27.

[156] Tarashev, N. and H. Zhu. 2006. The pricing of portfolio credit risk. BIS Working Papers, No. 214.

[157] Tian, L. and Megginson, W. L. , 2007. Extreme Underpricing: Determinants of Chinese IPO Initial Returns. Available at SSRN 891042.

[158] Tobin, J. , 1969. A General Equilibrium Approach to Monetary Theory. Journal of Money, Credit and Banking, 1(1):

15-29.

[159] Uryasev S. , 2000. Conditional value-at-risk：optimization algorithms and applications. Financial Engineering News，2 (3)：45-76.

[160] Vogt，S. C. , 1994. The Cash Flow/Investment Relationship：Evidence From US Manufacturing Firms. Financial Management：3-20.

[161] Von Eije，H. and Megginson，W. L. , 2008. Dividends and Share Repurchases in the European Union. Journal of Financial Economics，89(2)：347-374.

[162] W . F. Sharpe，1966. Mutual fund performance. Journal of Finance，4：119-138.

[163] Wang S. and Wu S. ,2001. Coherent estimations of value-at-risk and stress losses：A mixture of generalized extreme value distributions approach. Journal of Risk Management，3：23-48.

[164] Warfield T. D. , Wild J. J. , Wild K. L. , 1995. Managers' ownership, accounting choices and informativeness of earnings. Journal of Accounting and Economics，20(1)：61-91

[165] Watts，R. L. ,1977. Corporate Financial Statements，a Product of the Market and Political Processes. Australian Journal of Management，2(1)：53-75.

[166] Watts，R. L. , 2003a. Conservatism in Accounting Part I：Explanations and Implications. Accounting Horizons，17 (3)：207-221.

[167] Watts，R. L.，2003b. Conservatism in Accounting Part II：Evidence and Research Opportunities. Accounting Horizons，17(4)：287-301.

[168] Yen H. Tong and Bin Miao. 2011. Are dividends associated with the quality of earnings?. Accounting Horizons，25(1)：183-205.

[169] Zodrow，G. R.，1991. On the "Traditional" and "New" Views of Dividend Taxation. National Tax Journal，44(4)：497-509.

[170] Zwiebel,J.,1996. Dynamic Capital Structure Under Managerial Entrenchment. The American Economic Review：1197-1215.

[171] 薄仙慧,吴联生. 2009.国有控股与机构投资者的治理效应:盈余管理视角.经济研究,(2):81-91.

[172] 曹宇,李琳,孙铮.2005.公司控制权对会计盈余稳健性影响的实证研究.经济管理,(14).

[173] 陈工孟,高宁.2005.盈余与股利信息含量的交互作用. 财经研究,(3):58-66.

[174] 陈工孟,俞欣,寇祥河.2011.风险投资参与对中资企业首次公开发行折价的影响——不同证券市场的比较.经济研究,(5).

[175] 陈俊,陈汉文.2007. 公司治理、会计准则执行与盈余价值相关性——来自中国证券市场的经验证据.审计研究(2):45-52.

[176] 陈宋生,赖娇.2013.ERP 系统、股权结构与盈余质量关系. 会计研究,(5):59-66.

[177] 陈晓,江东.2000.股权多元化、公司业绩与行业竞争性.经济

研究,(8):28-35.

[178] 陈晓,陈小悦,倪凡.1998.我国上市公司首次股利信号传递效应的实证研究.经济科学,(5).

[179] 陈信元,陈冬华,时旭.2003.公司治理与现金股利:基于佛山照明的案例研究.管理世界,(8).

[180] 邓大松.2005.论中国社会保障基金治理结构域管理模式.经济评论,(5):44-48.

[181] 邓建平,曾勇,何佳.2007.利益获取:股利共享还是资金独占?.经济研究,(4).

[182] 高克智,王辉,王斌.2010.派现行为与盈余持续性关系——基于信号理论的实证检验.经济与管理研究,(11):98-105.

[183] 高雷,张杰.2010.产权性质、不良贷款率与审计费用——来自上市商业银行的经验证据.审计研究,(2):77-82.

[184] 郝东洋,张天西.2011.股利政策冲突、稳健会计选择与公司债务成本.经济与管理研究,(2).

[185] 何涛,陈晓.2002.现金股利能否提高企业的市场价值:1997-1999年上市公司会计年度报告期间的实证分析.金融研究,(8):26-38.

[186] 洪剑峭,薛皓.2008.股权制衡对关联交易和关联销售的持续性影响.南开管理评论,(1).

[187] 黄国平,贺芳.2008.中国社保基金投资渠道分析.中国商界,(1):39.

[188] 黄娟娟,沈艺峰.2007.上市公司的股利政策究竟迎合了谁的需要:来自中国上市公司的经验数据.会计研究,(8):36-43.

[189] 黄志忠.2006.股权比例、大股东"掏空"策略与全流通.南开管

理评论,(1).

[190] 江红莉,何建敏,庄亚明.2011.基于 GARCH-EVT-Coupla 的社保基金投资组合风险测度研究.金融理论与实践,(8):8-12.

[191] 孔小文,于笑坤.2003.上市公司股利政策信号传递效应的实证分析.管理世界,(6):114-118.

[192] 雷光勇,刘慧龙.2007.控股股东性质、利益输送与盈余管理幅度——来自中国 a 股公司首次亏损年度的经验证据.中国工业经济,(8).

[193] 李常青,魏志华,吴世农.2010.半强制分红政策的市场反应研究.经济研究,(3).

[194] 李丹,贾宁.2009.盈余质量、制度环境与分析师预测.中国会计评论,(12):351-370.

[195] 李俊强,胡继成.2010.基于 GARCH-VaR 模型对社保基金投资风险的度量.金融教学与研究,(2):63-64.

[196] 李敏才,刘峰.2012.社会资本、产权性质与上市资格——来自中小板 IPO 的实证证据.管理世界,(11).

[197] 李晓雯.2008.对中国社会保障基金监管的策略研究.上海:同济大学.

[198] 李远鹏,李若山.2006.是会计盈余稳健性,还是利润操纵?——来自中国上市公司的经验证据.中国会计与财务研究,(3).

[199] 李增泉,卢文彬.2003.会计盈余的稳健性:发现与启示.会计研究(2).

[200] 李增泉,孙铮,王志伟.2004."掏空"与所有权安排——来自我

国上市公司大股东资金占用的经验证据.会计研究,(12).

[201] 李增泉,余谦,王晓坤.2005.掏空、支持与并购重组——来自我国上市公司的经验证据.经济研究,(1).

[202] 李卓,宋玉.2007.股利政策、盈余持续性与信号显示.南开管理评论,(1):70-80.

[203] 廖理,张学勇.2008.全流通纠正终极控制者利益取向的有效性——来自中国家族上市公司的证据.经济研究,(8).

[204] 林毅夫,李志斌.2004.政策性负担、道德风险与预算软约束.经济研究,(2):17-27.

[205] 刘峰,贺建刚.2004.股权结构与大股东利益实现方式的选择——中国资本市场利益输送的初步研究.中国会计评论,(1).

[206] 刘峰,贺建刚,魏明海.2004.控制权、业绩与利益输送——基于五粮液的案例研究.管理世界,(8).

[207] 刘峰,钟瑞庆,金天.2007.弱法律风险下的上市公司控制权转移与"抢劫"——三利化工掏空通化金马案例分析.管理世界,(12).

[208] 刘立国,杜莹.2003.公司治理与会计信息质量关系的实证研究.会计研究,(2):28-36.

[209] 启亮,罗乐,何威风,陈汉文.2012.产权性质、制度环境与内部控制.会计研究,(3):52-61.

[210] 刘毅.2006.浅议基于历史模拟法计算 VaR 的一种改进方法.时代金融,(10):34-35.

[211] 刘玉梅等.2007.方差协方差分量的验后估计与分析.沈阳建筑大学学报,(5):738-740.

[212] 刘煜辉,熊鹏.2005.股权分置、政府管制和中国 IPO 抑价.经

济研究,(5).

[213] 柳建华,魏明海,郑国坚.2008.大股东控制下的关联投资:"效率促进"抑或"转移资源".管理世界,(3).

[214] 陆正飞,刘桂进.2002.中国公众投资者信息需求之探索性研究.经济研究,(4).

[215] 罗劲博.2013.制度环境、在职消费与盈余质量——基于 A 股上市公司的经验数据.山西财经大学学报,(7):92-101.

[216] 吕松.2012.基于 Delta-Normal 方法和历史模拟法的 VaR 算法研究.成都:西南财经大学.

[217] 吕长江.2008.百家争鸣难结论:股利之谜.上海立信会计学院学报,(1).

[218] 吕长江,王克敏.1999.上市公司股利政策的实证分析.经济研究,(12)31-39.

[219] 吕长江,周县华.2005.公司治理结构与股利分配动机:基于代理成本和利益侵占的分析.南开管理评论,(3):9-17.

[220] 吕长江,肖成民.2006.民营上市公司所有权安排与掏空行为——基于阳光集团的案例研究.管理世界,(10).

[221] 蒲晓红.2002.社保基金入市初探.中国社会保障,(7):16-17.

[222] 强国令.2012.股权分置制度变迁、股权激励与现金股利.上海财经大学学报,(4):48-55.

[223] 曲晓辉,邱月华.2007.强制性制度变迁与盈余稳健性——来自深沪证券市场的经验证据.会计研究,(7).

[224] 申慧慧,黄张凯,吴联生.2009.股权分置改革的盈余质量效应.会计研究,(8):40-48.

[225] 沈艺峰,许年行,杨熠.2004.我国中小投资者法律保护历史实

践的实证研究.经济研究,(9).

[226] 史天娇.2012.中国养老保险基金投资的风险测度研究.北京：
北京交通大学.

[227] 宋玉,李卓.2008.会计盈余信息含量与股利信息含量关系的
实证研究.财贸研究,(5):116-122.

[228] 孙刚,朱凯,陶李.2012.产权性质、税收成本与上市公司股利
政策.财经研究,(4):134-144.

[229] 孙永祥.2001.所有权、融资结构与公司治理机制.经济研究,
(1).

[230] 孙铮,刘凤委,汪辉.2006.债务,公司治理与会计稳健性.中国
会计与财务研究,(2).

[231] 孙铮,王跃堂.1991.资源配置与盈余操纵之实证研究.财经研
究,(4).

[232] 唐雪松,周晓苏,马如静.2007.上市公司过度投资行为及其制
约机制的实证研究.会计研究,(7).

[233] 唐跃军,谢仍明.2006.股份流动性、股权制衡机制与现金股利
的隧道效应——来自1999—2003年中国上市公司的证据.中
国工业经济,(2).

[234] 田立军,宋献中.2011.产权性质、控制权和现金流权分离与企
业投资行为.经济与管理研究,(11).

[235] 佟岩,程小可.2007.关联交易利益流向与中国上市公司盈余
质量.管理世界,(11).

[236] 王化成,佟岩.2006.控股股东与盈余质量——基于盈余系数
的考察.会计研究,(2):66-74.

[237] 王茜,张鸣.2009.基于经济波动的控股股东与股利政策关系

研究——来自中国证券市场的经验证据. 财经研究,(12):50-60.

[238] 王滕滕,印凡成,黄健元.2012.基于均值-CVaR-熵的社会保障基金最优投资组合模型. 济南大学学报,(2):204-207.

[239] 王雪峰.2004.中国养老保险基金入市研究. 南昌:江西财经大学.

[240] 王烨.2010.国有控股、股权控制链与盈余质量. 经济管理(2):104-111.

[241] 王跃堂,王亮亮,彭洋.2010.产权性质、债务税盾与资本结构.经济研究,(9):122-135.

[242] 王跃堂,赵子夜,魏晓雁.2006.董事会的独立性是否影响公司绩效?.经济研究,(5).

[243] 魏刚,肖泽忠,Travlos Nick,邹宏.2007.独立董事背景与公司经营绩效.经济研究,(3).

[244] 魏刚,郑霞.1998.我国上市公司不分配现象的实证分析.证券市场导报,(5).

[245] 魏刚.1998.我国上市公司股利分配的实证研究.经济研究,(6).

[246] 魏明海,柳建华.2007.国企分红、治理因素与过度投资.管理世界,(4).

[247] 魏涛,陆正飞,单宏伟.2007.非经常性损益盈余管理的动机、手段和作用研究——来自中国上市公司的经验证据.管理世界,(1).

[248] 吴联生,刘慧龙.2008.国有企业改制上市模式与资源配置效率.北京大学工作论文.

[249] 吴清华,王平心.2007.公司盈余质量:董事会微观治理绩效之考察——来自我国独立董事制度强制性变迁的经验证据.数理统计与管理,(1):30-40.

[250] 吴淑琨.2002.股权结构与公司绩效的 U 型关系研究——1997—2000 年上市公司的实证研究.中国工业经济,(1).

[251] 吴忠,王宇熹.2009.基于 CDaR 理论的社保基金投资风险管理模型.商业研究,(7):106-108.

[252] 肖星,陈晓.2002.现金股利能否提高企业的市场价值——1997—1999 年上市公司会计年度报告期间的实证分析.金融研究,(8):26-38.

[253] 辛宇,徐莉萍.2006.公司治理机制与超额现金持有水平.管理世界,(5).

[254] 徐国祥,苏月中.2005.中国股市现金股利悖论研究.财经研究,(6):132-144.

[255] 徐浩萍,罗炜.2007.投资银行声誉机制有效性——执业质量与市场份额双重视角的研究.经济研究,(2).

[256] 徐捷,肖峻.2006.证券投资基金动量交易行为的经验研究.金融研究,(7):113-313.

[257] 徐凌峰.2003.社保基金入市的积极影响.金融信息参考,(28):61-64.

[258] 杨彩林,张琴玲.2010.VaR 模型在中国沪、深股市风险度量中的实证.统计与决策,(18):133-136.

[259] 杨华军,胡奕明.2007.制度环境与自由现金流的过度投资.管理世界,(9).

[260] 杨兴全,孙杰.2007.企业现金持有量影响因素的实证研究

——来自我国上市公司的经验证据. 南开管理评论,(6).

[261] 杨兴全,张照南.2008.制度背景、股权性质与公司持有现金价值.经济研究,(12).

[262] 杨熠,沈艺峰.2004.现金股利:传递盈利信号还是起监督治理作用.中国会计评论,(1).

[263] 叶康涛,陆正飞,张志华.2007.独立董事能否抑制大股东的"掏空"?.经济研究,(4).

[264] 英学夫.2007.基于 VaR 的中国社保基金投资业绩评价.中南财经政法大学研究生学报,(5):41-48.

[265] 游家兴,罗胜强.2008.政府行为、股权安排与公司治理的有效性——基于盈余质量视角的研究.南开管理评论,(6):66-73.

[266] 于东智.2001.股权结构、治理效率与公司绩效.中国工业经济,(5).

[267] 于鹏.2007.股权结构与财务重述:来自上市公司的证据.经济研究,(9):134-144.

[268] 余怒涛,沈中华,刘孟晖.2008.股权结构与盈余质量——来自沪深股市的证据.山西财经大学学报,(8):107-114.

[269] 余宇莹,刘启亮.2007.公司治理系统有助于提高审计质量吗?.审计研究,(5):77-83.

[270] 俞红海,徐龙炳,陈百助.2010.终极控股股东控制权与自由现金流过度投资.经济研究,(8).

[271] 俞乔,程滢.2001.我国公司红利政策与股市波动.经济研究,(4):32-40.

[272] 袁天荣,苏红亮.2004.上市公司超能力派现的实证研究.会计研究,(10):63-70.

[273] 原红旗.2004.中国上市公司股利政策分析.财经研究,(3): 33-41.

[274] 曾拥政.2007.海外资本市场:开辟中国社保基金投资的新路. 浙江金融,(8):45-46.

[275] 张纯,吕伟.2009.融资约束与现金股利.金融研究, (7):81-94.

[276] 张功富,宋献中.2009.我国上市公司投资:过度还是不 足?——基于沪深工业类上市公司非效率投资的实证度量. 会计研究,(5).

[277] 张磊.2011.社保基金在 A 股市场投资行为研究.成都:西南财 经大学.

[278] 张秀娟.2011.VaR 的历史模拟法的实证分析.黑龙江科技信 息,(26):60-61.

[279] 张学勇,廖理.2011.风险投资背景与公司 IPO:市场表现与内 在机理.经济研究,(6)

[280] 章鸽武.2005.社保基金投资渠道的拓展.财经论坛,(9): 76-77.

[281] 赵春光.2004.中国会计改革与谨慎性的提高.世界经济,(4).

[282] 赵西卜,曾令会.2013.应计项目、现金流与股利发放.审计与 经济研究,(3):50-57.

[283] 郑秉文.2004.DC 型积累制社保基金的优势与投资策略-美国 "TSP 模式"的启示与社保基金入市路径选择.中国社会科学 院研究生院学报,(1):21-40.

[284] 钟波,山宇.2013.基于随机模拟与 g—h 分布的 VaR 计算方 法.统计与决策,(15):8-11.

[285] 周伟,谢诗蕾.2007.中国上市公司持有高额现金的原因.世界经济,(3).

[286] 周业安.1999.金融抑制对中国企业融资能力影响的实证研究.经济研究,(2).

[287] 朱茶芬,李志文.2008.国家控股对会计稳健性的影响研究.会计研究,(5).

[288] 祝继高,陆正飞.2009.货币政策、企业成长与现金持有水平变化.管理世界,(3).

后　记

本书是以我博士论文为基础深化研究而成,对于本书可能存在的不足之处,希望读者随时提出批评和建议。在南京大学管理学院攻读博士学位期间,恰逢会计学的蓬勃发展。广泛的国际与国内学术交流,不仅开拓了青年学子的学术视野,也鼓舞了一批青年学子的学术热情。自己有幸能够融入其中,享受激烈学术争论带来的思想碰撞以及艰辛从事研究工作之后的一丝喜悦。

首先,我要衷心感谢影响我最深的导师陈冬华教授,感谢他对我多年的精心栽培!从硕士到博士,陈老师不仅以丰富精深的学识、犀利敏捷的智慧、独到深刻的卓见指引着我,为我照亮通往学术迷宫的路径,更是以其宽厚博大的胸怀、淡泊宁静的人格、豁达乐观的性格感染着我,为我树立了如何做人的榜样。这一笔财富我将受用终生,有生之年,不知何以为报!

感谢何莉云教授对我的指导和关心!在美国加州留学的一年,何老师训练了我严谨的治学态度,在生活上更是如亲人一样的关心我,让我在异国他乡感受到了家的温暖。我还要感谢加州大学尔湾分校商学院会计系的 Teoh 教授、Shevlin 教授,感谢他们允许我旁听他们开设的课程,并且鼓励我参与课堂讨论,获得了很多启发。

感谢林树教授,对我的论文写作提出了许多中肯的建议,在学术研究上毫无保留地与我分享他的经验与成果,在生活中也不厌其烦地给予我帮助和指引,给了我在此选题下继续开拓的勇气。

非常感谢上海财经大学会计学院副院长李增泉教授(主席)、河海大学商学院副院长许长新教授、南京大学工程管理学院院长李心丹教授、南京大学商学院会计学系冯巧根教授和南京大学商学院会计学系李明辉教授参加我的博士学位论文答辩委员会,感谢他们仔细阅读了我的论文,并提出了大量宝贵的意见和建议。

我要特别感谢我的母亲,她高贵的人格和无私奉献的精神是我信仰的来源,也是我一直努力奋斗的动力;我要感谢我温柔的妻子,她的支持是我坚强的后盾,她对我无微不至的关心使我时刻感觉到家的温暖;我也要感谢我的父亲对我的帮助,他的建议帮助我选择了学术的道路。

我要感谢同门的师兄弟沈永建、齐祥芹、梁上坤、赵刚、新夫、蒋德权、俞俊利、全怡在过去的五年对我的照顾和关心;要感谢南京大学会计系 2011 级博士班的同学们对我生活和学业上的关心;也要感谢 2011 年在上海财经大学进修时赵良玉博士和黄继章博士给我提供了生活上的帮助;感谢钱晓东博士对我研究工作的帮助。他(她)们在从事繁重的科研和繁忙的工作中还不忘给我精神上的鼓励和安慰,在论文写作过程中那些紧张的日子里,让我感受着生活的阳光与美好。

　　最后我还要特别感谢东南大学出版社江建中社长和张新建总编辑的关心和支持,正是他们的认真与负责的工作,让本书得以出版。

　　学会感恩,并化为行动进而感动的人,人生也会变得丰富充实起来。谢谢你们!

南京大学　　王国俊

2015 年 3 月 20 日